性愛心流
伴侶親密溝通手札

愛情婚姻諮商專家
林蕙瑛◎著

C·O·N·T·E·N·T·S

推薦序

與蕙瑛老師結緣是在一九九〇年代初期，台灣性教育之父晏涵文教授創立的台灣性教育學會裡，還有一群熱心推展台灣性教育／性諮商／性治療的同道好友們，同為理監事，常有研討交流的機會，我們的友誼至今維持近三十年。後來還發現我早在一九七〇年代末期就讀大學時即已拜訪過他的外祖父，也就是台灣醫學之父杜聰明博士；也發現我在一九八〇年代末期即已認識他的父親，也就是一代古蹟大師林衡道教授。

蕙瑛老師是科班出身的諮商心理學博士，除了在大學教授婚姻諮商和性諮商課程之外，也長期從事相關的諮商實務，是理論與實務兼具的專家，也是一位能把專業經驗以感性且理性的筆觸抒發於文字的作家。因此她所寫的大眾用書，也就是非教科書，始終都淺顯易懂，廣受各階層讀者的歡迎。事實上，在我的心目中，蕙瑛老師就是台灣性諮商之母。

由於性諮商／性治療在歐美先進國家的發展至少已經有四十年，而在亞洲社會保守的觀念中，多數人連性都不好意思啟口，當然還不太清楚性諮商的本質與功能。即使默默忍受房中性事的不悅或失樂之苦，夫妻多不會討論，更是諱疾忌醫，繼續忍受其苦，影響感情。蕙瑛老師多年授課，培養諮商人才，從事性諮商實務，協助有性困擾／性困難的人們，也不停地演講寫作，推廣性諮商的理念，她為人師（老師及諮商師）、勇於嘗試、破除忌諱的精神令人敬佩。

本書內容所呈現的核心問題，是以伴侶／夫妻的親密關係為背景，因此極能貼近飲食男女們的心境與實際狀況。而全書所探討與處理的主題，包括了性焦慮、性主動、性幻想、性癖好、自慰、處女情結、性情趣、性迷思、性健康等，每一個故事都可說是作者在婚姻與性諮商經驗中所精煉出來的經典代表作。相信讀者閱讀之後，從寫實但又引人入勝的情節中，能有所體會與啟發，自學婚姻性愛的秘訣與問題解決之道。

如何處理愛情／婚姻／性關係，是人生的一大課題，年輕人固然需要學習，中老年人也可以重溫或強化親密關係。本書是專業濃度很高的性諮商參考

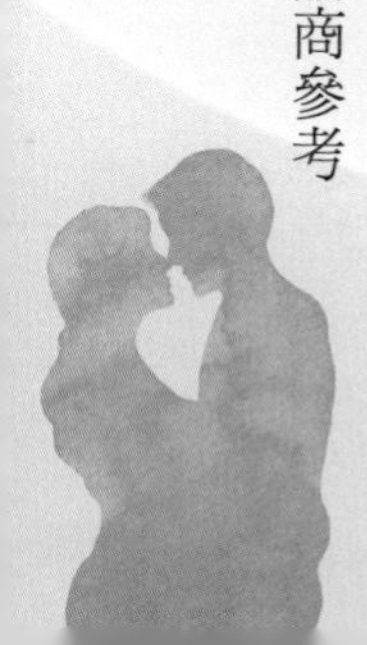

書，不僅適合一般民眾，也適合專業人士閱讀。

性健康也是一種基本人權，本書有益於我們追求幸福，讓我們大家人手一書，共創美滿家庭與性福人生。

鄭丞傑

（作者為高雄醫學大學醫學系教授、高雄醫學大學附設醫院副院長、台灣性教育學會榮譽理事長）

自序

性是人類生命的一部分，隨著年紀而有的身心發展。佛洛伊德在十九世紀就有了「性心理發展期」之說，人們在青少年至成年期間逐漸感到「性驅力」的存在，也有親密關係的需求，所以當時的人很早就結婚了，既可傳宗接代又可合法行房。看似安定人心，合乎禮教，其實也是暗藏危機，婚後的性生活卻是不足為外人道。

性本來就是禁忌，即使在現代社會中，家庭、朋友，甚至情侶／夫妻之間也是不談性的，然而人們提早談戀愛，性愛往往來在愛情之前，或者相愛而同居乃至結婚，他們也是光「做」不「說」的。雖然大部分的時間性愛都是美好的，但每個人的心情、健康狀況、性愛感情觀及雙方的互動關係等，均會影響到性愛品質，常常有一方或雙方性不滿足，卻不想也不知如何說出來，就放在心中，心裡也不滿足，乃逐漸發展為暗藏的性生活危機。

覺察危機而認同它、面對它，是可以將之化為轉機的，性問題亦是如此，

但需要伴侶／夫妻對性問題有共識、接受它，一起來努力處理，才能去除困難、恢復美好。現代人是很幸運的，自從威而鋼在一九九八年問世之後，性的議題漸被重視，也常被公開討論。醫學、科學、心理學及衛生教育等領域都認真地在研究；有很多新資訊、新觀念、新方法在發展，性諮商／性治療也就應運而生，在諮商過程中提供性教育，並協助案主伴侶處理他們的性問題。

本人在大學研究所開設「性諮商」課程已十七年，教導準諮商師有關性諮商的知識與技術，亦擁有二十餘年「婚姻諮商優而性諮商」的實務經驗，看遍各種不同的性問題，有的看似非性問題的問題；有的則的確是真正的性問題。也就是說，有的人是因為對性有誤解或有太多的性迷思，而在性生活中有困難，而有的人確實是有性疾患，需要性諮商及醫生診治，雙管齊下。

本書以虛構的角色，真實的性問題，呈現伴侶／夫妻間常見的性生活困難，有可能發生在你我或身邊的人身上。有人擔心自己性表現不佳，也有人責怪對方愛不夠，各式各樣的性問題橫在關係中，雖然在醫學病名中有「性慾疾患」、「激發疾患」、「高潮疾患」及「疼痛疾患」的類別，但一般人除了因健康因素影響性功能需接受正規醫療外，絕大部分問題皆來源於互動關係。伴侶／夫妻雖然相愛，日常生活的不良互動、個性脾氣、性迷思／性誤解及缺乏性溝通等，有許多非性的因素都會影響到性生活。

本人在書中以性諮商的觀點，分析每個案例，詳細敘述成因，給予希望，以鼓勵的方式來引導當事人處理自己的性問題。一般讀者們閱讀別人的故事，既陌生又有熟悉感，對性也就不那麼害羞了，不僅可以增長性知識，確立正確性愛感情婚姻觀，也可以學習性溝通，增加性方面的話題，提升夫妻親密感。萬一自己有了性問題，也會有求助的意識及意願。而助人的專業工作者，閱讀此書可以進入「假想學習經驗」（vicarious learning experience），看見案主們的困難，予以同理，並學習性諮商師的觀點與處理之道。

身為性教育／性諮商師，能夠出版這本《性愛心流——伴侶親密溝通手札》，真的非常開心。最要感謝的有兩位貴人，一是金塊文化余素珠總編輯，謝謝妳的肯定，鼓勵與催生，一是前張老師月刊主編高惠琳學妹，我的靈感都來自與妳的討論以及鼓勵，也感謝妳的妙筆生花，協助下文章標題。我也要在

此感謝兩位小貴人，我的助理林淑華及陳昱安的認真打字，迅速寄回。最後我還是依往例，告訴逝世二十一周年的父親林衡道教授，「爸爸，我又出了一本新書了！」

林蕙瑛

一〇七年九月二十日

1 用信任重燃愛與性

伴侶外遇，總會傷害到無辜的一方。只是，當彼此還有心、還想要挽回，請好好對話，讓關係的暖度回流。

案例一

我會外遇，是她造成的

戀愛時，我們就說好尊重彼此的信仰，所以並沒有發生婚前性行為。沒想到婚後，她保守到不行，換衣服不能看、白天不能抱抱親熱；晚上也包得緊緊的，每次都要費好大勁才能脫下她的衣服，做完愛馬上穿回去。還有，行房時絕對不出聲，所以我無法知道她的感覺。感覺上我在唱獨角戲，真沒趣！

兩年前出差時邂逅A女，她熱情奔放，呻吟浪聲與全身蠕動，令我享受到美好性愛，讓我沉淪其中，後來被太太抓姦而斷絕婚外情。太太雖然原諒我，但不再讓我碰她，老是說我髒。我忍不住求歡，她就冷嘲熱諷說我是色鬼。我忍受箭在弦上的痛苦，也會反唇相譏她不是女人。

我覺得太太是偽善的教徒，她有什麼權利定我的罪？目前性生活是零，夫妻關係僅靠兩個小孩在維持，我想要有外遇，更想離婚，但想到孩子就不忍心。我曾經邀請她一起去做諮商，卻遭到拒絕，她說是我的問題、我的錯，關她什麼事！

再這樣下去，我要怎麼辦？

案例二

他只是在幫自己的外遇找藉口

八年婚姻中，先生外遇兩次，我都是最後一個知道的。兩次我都按兵不動、不吵不鬧，他也回到我身邊。第二次外遇後，我嚴正要求他一起去做婚姻諮商，這才知他外遇的原因與他的不快樂和沒信心有關。他在諮商師面前信誓旦旦地說會比以前更愛我，因為我對他婚外情的事件處理得很好。

我是真心愛他也不想離婚，但最近愈想愈多，婚姻裡，我是快樂的，那他為什麼不快樂？我這麼愛他，他為何沒信心？是找藉口外遇吧！

於是，我變得很不想讓他親近，無數次拒絕他的求歡。他也開始對我臭臉相向。那陣子跟他做愛時，總是想到他曾經進入其他兩個女人的身體，我很難將那兩個女人的影像自腦海中清除，好痛苦呀！

我並不想只是為了孩子而留在婚姻中，卻又不知道怎麼辦才好？

你應該這樣做

外遇，向來不是單方面的問題

兩個案例中，主訴者都自認是受害人，一個是渴求性生活美滿，一個痛恨先生外遇；而且都想離開婚姻，也都因為孩子而躊躇徬徨。問題的本質相似，但各自的心境和心理需求卻不同。

在第一個案例中，太太性觀念保守且是教徒，做先生的早就知道，實在不應該怪罪她，而是要和她多談性說愛，引導她正確的性愛感情觀，體驗身體的感受，並享受性愛。

華人的性生活大多只做不說，還各想各的，很難有精神肉體契合的境界。太太原以為順從先生的求歡便是盡到責任，但先生一直都不滿足，只是她不知道。

太太認為外遇就是汙點，雖然嘴裡說寬恕，自己卻開始鑽牛角尖。其實她何嘗不想與先生親熱，只是她受傷了，防衛心高築，而且不知道要如何將內心的熱情與渴望表達出來。所以，先生不能以為斷了婚外情就沒事了，更不可以認為太太是偽善的教徒，她只是覺得自己沒做錯事，為什麼要受這些苦；她沒有覺察到自己也需要改變，無論是觀念或行為。

婚姻畢竟是兩個人的事，先生必須在日常生活中與太太多溝通談心，雙方有共識地一起努力，婚姻關係才能改善，美好的性生活才有希望。

太太拒絕諮商，先生還是可以先找婚姻諮商師談談，學習如何與太太展開日常生活的溝通，如何表達對她及孩子的愛，並主動談自己的外遇，請求太太

藉由上帝的力量來原諒與接納。試著用宗教的言語來談，她會比較聽得進去。另外，也可以找太太所屬教會的牧師幫忙做婚姻協談，她可能比較不會抗拒。總之，先生要先做一些努力讓太太能夠看見。

一起面對，重新打造有情有性的健康關係

至於第二個案例，先生外遇，太太不吵不鬧，於是先生倦鳥知返且真心對待。只是，他以為從此沒事，但其實兩次外遇，早就在太太心中留下不可磨滅的陰影，她感到委屈、孤單，那兩個女人的影像總是浮現腦海中讓她很痛苦。最好的方法當然是夫妻對談，先生傾訴外遇的心境與事後的悔悟與歉意，並以愛意邀請太太一起趕走那兩個女人的陰影，讓婚姻重見陽光。

當太太獲知先生外遇，必定半信半疑，所以沒有抓狂，可是當先生在諮商室坦承婚外情，並且說出自己的不快樂、沒信心時，已經是把自己的問題轉移到太太身上。不快樂、沒信心，到底是藉口，還是個人問題，抑或是夫妻間互動不良……？想著想著，太太才開始感到受傷、不甘心與痛苦。

先生外遇已經深深影響到婚姻關係，而太太的任何選擇也會影響婚姻，所

以一定要深思熟慮。太太不妨先冷靜一段時間，或者回娘家住一陣子，想清楚自己到底要什麼。她必須停止「理性」看待先生外遇，誠實面對有問題的婚姻關係，承認自己是脆弱、憤怒且傷心的。先整治自己的情緒，再尋求重建婚姻關係。

「信任」也是一種選擇。她可以用「信任」來建立與先生的忠誠關係，告訴先生自己想要的，也聽聽他的回應與承諾。同時也可以要求先生先去做個人諮商，整理他的不快樂、沒信心。

這位先生看起來是有誠意要回到婚姻中，太太可以給他一個機會，這也是給自己一個機會。但是，先生必須有所作為來證明自己值得被信任。要能夠讓太太感覺到真誠的關懷與愛意，信任感才會產生。

一般來說，婚外情被發現後再回到婚姻裡，最困難的就是性愛。夫妻倆得重新來過，把對方當成新認識的異性，從朋友做起，然後談情說愛，再慢慢進入性愛。而不是外遇一方帶罪回家，卻要對方一筆勾銷；不能用一方是聖人、一方是罪人的不平等關係來相待。

夫妻兩方都有責任重建婚姻關係，太太不能我行我素，或是以性生活來要

脅或懲罰，她必須從自我的桎梏中解放，重新認識性。先生也要引導太太去認識性親密的意義與本質，讓她瞭解這世界上跟自己最親密的人，是同床共枕、同甘共苦的配偶，所以，不論肉體或精神上都應該契合。

外遇後，夫妻都會害怕碰觸敏感議題，但是愈不碰觸，心中的死結就會愈大，阻礙親密的恢復。所以，兩人可以一起去做婚姻／性諮商，就日常互動、外遇、受傷、寬恕和心靈交流、恢復性愛等議題，經由婚姻諮商師的引導、介入及調停，敞開來談，再以清空的心重新談戀愛；有了愛的流動，自然引發情慾，再進入性愛。

2 自我「安慰」，有何不可

從身心健康的角度看，適度自慰絕對是一種健康、安全、滿足個人性需求的行為。

案例一

自慰是對女友的不尊重？

大明與小音熱戀中，已達愛撫階段。大明好幾次要求小音一起過夜，但小音總是義正詞嚴地背誦媽媽的教誨：「女孩子有了婚前性關係，婚後一定不會幸福。」於是，大明總是帶著失望、懊惱的心情回家，一個人度過身心煎熬的夜晚。

未認識小音前，大明偶爾會以自慰來抒發生理需求，但有了女友後，他覺

得不應該再自慰，不然就對不起女友，而且萬一被小音知道，她一定會很生氣或是輕視自己。於是他就一直憋著，等欲望和生理反應慢慢消退，然後疲憊地睡去。

大明有點生小音的氣，不過也知道自己有些莫名其妙。對於身體親密，他既嚮往又困惑，終於鼓起勇氣去學生諮商中心找老師協談。

案例二

都結婚了怎麼還要自慰？

星期天早上，志明還賴在床上想多睡一會兒，春嬌則說要去市場買蘿蔔絲餅回來當早餐。志明心想，這一來一回應該要半小時，於是便撫摸起肅然起敬的小弟弟，開始自慰。沒想到春嬌突然進房間找錢包，看到丈夫的「醜」狀，她大叫一聲便衝出門去了。

等志明洗完澡、穿好衣服後走到餐桌，這時春嬌在洗菜。她背對著丈夫，置之不理。志明知道春嬌生氣了，再三請求她息怒，同時也怪自己沒鎖門，才讓她看到尷尬的一幕。

志明不說還好，春嬌聽了之後大發雷霆：「你很丟臉耶，有老婆還自慰！我的身體還沒恢復，你就不能忍、不能等？你背著我自慰，不知道你還背著我做了什麼？既然你可以自慰解決，那以後就不要碰我！」志明被罵得灰頭土臉，早餐也不吃，沒好氣地出門了。

冷戰三天，志明終於求和，坦承從春嬌懷孕到流產，至今已經四個多月了，他只能偶爾自慰以解決生理需求，而他認為這是忠於婚姻的方法，也是愛的表現；他是體諒太太還在休養，才自己解決。春嬌聽了半信半疑，於是志明便帶著她一起去找婚姻諮商專家談談。

你應該這樣做

自慰是個人私密性的正常行為

大明認為有女朋友就不能自慰，以免對不起她，而志明則認為無論未婚已

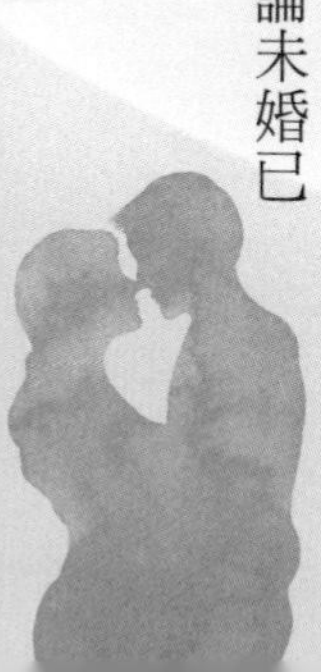

婚都可以自慰。到底誰的觀念正確呢？

一直以來，自慰被認為是青少年的「專利」，現在學校的健康教育也教導適度的自慰是健康的。只不過，由於性在社會上還是既開放又保守，混淆矛盾的現象很難讓人瞭解什麼才是正確的性觀念。

其實青少女自慰的比例也很高，且初次自慰的年齡，與男性同樣逐年下降，亦即愈來愈多早熟的年輕男女覺察到自己的性欲望，感受到身體的性驅力，而勇於探索身體，追求感官刺激。

自己安慰自己，是屬於私密性的正常行為，但有了伴侶之後，雖然也可以成為性生活的一部分，不過，還是可能影響到伴侶關係。

學校的諮商心理師向大明表示，自慰當然不是問題，也沒有不妥，何況大明和小音的一些愛撫行為，都會誘發彼此的性慾。小音聽從母親的「忠告」（或威嚇），阻止了她的性衝動，但是大明卻被自己的性迷思弄得身心煎熬、心神不寧。

因此，諮商師建議他們做性諮商，釐清不正確的性愛感情觀，檢視個人情慾，並且深入瞭解經常性的親熱將會導致的行為及後果。當然，自慰也可以成為討論的議題，不管有沒有女友，大明都可以自慰。另外，婚前性關係與婚後幸福與否是沒有相關的，所以，小音要不要婚前性行為，要本著情慾自主、身體自主、情感基礎和足夠的心理準備，而不只是為了回應大明的要求。

性迷思的矯正其實是認知的改變，需要與諮商師對談，並自行思考。改變需要一些過程，且需要時間及用心投入。

沒有性愛，還是可以有性

春嬌猛然撞見丈夫自慰而驚嚇不已，然後轉為羞恥、憤怒、不安，她認為自慰是貪慾的、不名譽的，尤其在她流產後的休養期間，先生卻趁著她外出自慰，讓她有一種被背叛的感覺，同時也擔心丈夫不愛她……。

志明其實是愛妻子的，背著妻子自慰也感到歉疚。他坦承婚後自慰是出於善意，因為自己有生理需求，如果向身體尚未康復的妻子索求，是不體貼的，加上深愛妻子，只好用自慰來解決。

這對夫妻從未談過性，自慰的導火線，讓志明不得不主動開口，且為了說服半信半疑的妻子，於是邀請她一起做婚姻諮商。

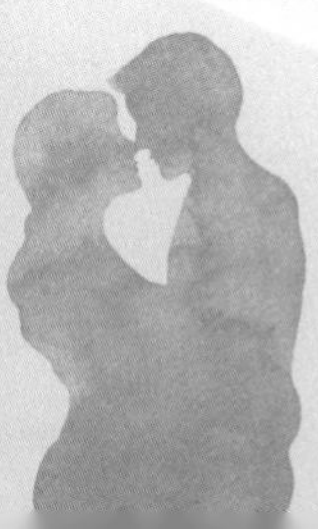

這對夫妻原本擁有正常的性生活，因為春嬌流產休養才停止，春嬌不覺得不妥，也沒顧慮到志明旺盛的精力和性需求。對志明來說，性的匱乏是痛苦的，但他不敢表達，最簡單的方法當然是回歸到自己身上。

因此，婚姻諮商的重點應該著重在建立正確的性愛感情觀，並且促進性溝通，恢復親密。要讓夫妻倆明白，沒有性愛並不表示沒有性。在此非常時期，兩人枕邊細語，擁抱撫摸對方，分享舒服的感覺，也聆聽彼此的身心狀況。春嬌可能會被逐漸激發而表示：「我知道你很想，我也很想，但我現在還不行，真抱歉，只好靠你自己了。」當丈夫的心理需求被照顧到，則可以半開玩笑地說：「大恩不言謝，我會想著妳的。」

或者經過一段時間的性諮商，春嬌對於夫妻間的性比較熟悉，而有更多的瞭解，也可以用手交或口交的方式進行性親密。

自慰並非年輕人的專利，任何年紀，不管是單身、離婚或鰥寡，都可以擁有自己和自己的性（自慰）。至於未婚而有固定伴侶或是已婚者，自慰也可以彌補性生活的不足，例如當妻子生產坐月子、丈夫生病、一方出國受訓等狀況時。

基本上，伴侶雙方都應該有正確的認知與認可，彼此心照不宣，視自慰為自然的、正常的，且互不干涉。如果願意談性，分享性生活感受之外，也可以道出自慰經驗，以瞭解彼此的性需求，更可以提昇情慾，增加閨房樂趣。

3 我們還是一對戀人嗎？

面對懷孕、墮胎，男生往往是問題解決取向，女生則是陷於複雜、負面的情緒漩渦；認知上的不同，可能導致兩人關係漸行漸遠。

案例

場景一：小美住處

距今八周了，文德也已經是第四次求歡，小美卻毫無興致。

「妳以前不是很喜歡嗎？我們好久沒有親熱了呀！」

「為什麼一定要做？我們可以去看電影啊！」

「那不一樣，這是愛的表現。難道妳不像以前那樣愛我？我不是已經對妳負責了嗎？」

「是你不夠愛我吧，人家就是不想要嘛！」

「不想就不想，隨便妳！」文德悻悻離去，留下小美獨自落淚。

場景二：諮商中心

「老師，文德只顧自己的需求，一點都不體諒我，這算是真愛嗎？」

「我有點擔心，如果不給他，他會不會去找別的女生？可是，我們都到了這地步，也曾經共患難，感情應該更堅固才是？為什麼我一點安全感也沒有？」

「他為什麼不能瞭解我的害怕？儘管他一再保證會戴保險套，我還是很害怕會再懷孕，怕我爸媽知道我曾經墮胎，怕我在他們眼中不是乖女兒，而且我也擔心以後無法生小孩！」

場景三：諮商中心

「老師，是我不好，沒戴保險套，可是她也沒堅持啊！她懷孕後，我領了

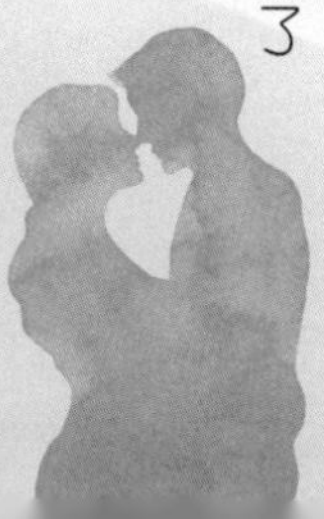

自己的存款，陪她去醫院做人工流產，也每天買食物給她補身體。醫生說子宮恢復正常，一切沒問題，她卻開始拒我於千里之外，還怪我老是想做。」

「我是活生生的男人，我愛小美，也對她負責，可是她卻不顧我的性需求，難道我們的感情就因為懷孕墮胎而演變成這樣嗎？我該怎麼做？」

你應該這樣做

瞭解引發負面情緒的根源，才能解除煩惱

愛情是需要經過考驗的，這對情侶面臨的第一個考驗就是攸關感情關係的存亡。

兩人相戀，沉浸在愛情的甜美與肉體歡愉，對懷孕與墮胎似懂非懂，也未加預防，一旦不慎中鏢，女生亂了陣腳，男生則是理性思考，以問題解決為導向。當事情解決了，心頭大石落了地，於是耐心等待女友身體復原，回到原本的生活。沒想到從懷孕到墮胎，這份歷程將小美變成另一個人，過去那個憧

憬愛情，順著男友的小女孩開始對自己做很多的探索：「婚前性關係是對是錯？」「如果我做好避孕措施就不會懷孕。」「爸媽知道了，會對我很失望吧！他們會如何看待我？」「我把自己的孩子扼殺了，會有嬰靈嗎？」「我會有報應嗎？以後還能生小孩嗎？」「文德是幫凶嗎？」「我只是談戀愛，怎會變得如此複雜？」……

小美正處於剪不斷理還亂的煩惱狀態，文德的求歡根本撩不起她的情慾。她太專注於自己的心理苦痛，以致於情慾被壓抑，只希望文德能陪在身邊，同理她的感受。偏偏兩人各據立場，兩顆心無法重疊。

通常，小孩動手術，母親會心如刀割，然而女友懷孕、墮胎，男友的感受如何，就必須看兩人的愛情深度、男友的個性特質和成熟度而定。文德還只是個大學生，本質上是好男孩，也真心愛小美，但他是直腦筋，沒想太多，無法跟進小美的心理變化，更別說同理她的心情了。

當一個人被多種負面情緒籠罩，陷在愁雲慘霧中，往往不知所措，或是逃避退縮，也會身不由己。唯有一一分辨，瞭解引發負面情緒的根源，才能解除煩惱。

小美因為深愛男友、珍惜感情，才會來諮商中心求助。對談間，諮商心理師一一理出她的負面情緒：

1.悔恨：「當初如果使用保險套就好了！」「為什麼我沒有堅持呢？」

2.自責：「我有婚前性關係！」「我懷孕過！我墮胎了！」

3.罪惡感：「我騙了爸媽，假裝還是處女、是乖女兒！」「我殺害了小生命！」

4.心虛：「我做了不該做的事！」

5.擔心：「會不會被別人發現？」「我該如何面對爸媽？」「我們的感情關係還會像以前一樣嗎？」

6.焦慮：「性關係該繼續嗎？」「如果不跟文德做，他會去找別人嗎？」

7.害怕：「我好怕再懷孕，我不想再墮胎了！」「我怕失去男友！」

8.孤獨感：「我覺得好孤單！」「文德不會懂我的心情，我也說不出口！」

9.不安：「一想到這些事就寢食難安，怎麼還會有性慾呢？」「我到底該怎麼辦？」

小美的負面情緒來自許多負面認知，並且一直在這些思惟中打轉，失去了方向，此時個別諮商是當務之急。透過諮商，小美終於能夠面對自己、承擔責任。瞭解到身為成年人，想要過戀愛及情慾生活，就得負責，認清自己選擇的對象，並且敞開心懷分享大小事、相互支持關心，感情才走得下去。

不管以後會如何，目前關係充實、穩定才是最重要的

釐清迷思、重建認知，小美知道已發生的事不能從頭再來，婚前性關係也無所謂好壞對錯，自己的生活自己主宰，也需自己負責。既然文德是自己所愛，就必須跟他把話說清楚，讓他清楚自己所經歷過的悲慘心態。

透過諮商心理師的教導、溝通及演練，小美終於清楚地表達出自己過去的感受及目前的想法，同時邀請文德與她一起回顧過去、面對現在，並討論未來。文德也才發現自己的單純與不體貼。小美不說，他永遠不知道她心中藏著如此多的擔心、害怕與自責。他以為兩情相悅、發生關係是再自然不過的事，有問題只要立刻解決，就會沒事，沒想到未婚懷孕及墮胎，對女生會有如此巨大的心理衝擊，更會造成情慾喪失。他自責，也羞慚自己的性衝動，並請求小

美原諒。

文德也很不好意思地坦承，以往單身時都是靠自慰解決，自從和小美有了親密關係，他以為性交才是正道，有了女友就不可以自慰，既不過癮，也對不起女友，所以他才一直憋著，等待小美身體恢復。現在才知道這也是迷思，適當的自慰並沒有不對。

他坦承自己的觀念錯誤，自認已對小美「負責」，其實他只是在解決「問題」。真正的負責應該是不讓小美懷孕，而使用保險套便是負責的行為。不經一事，不長一智，如果沒來諮商室懇談，他就會跟大部分男生一樣，以為陪同上醫院、付錢，就是「負責任」。

諮商師向兩人確認繼續交往的意願後，於是要他們認真討論避孕的觀念和方法，要他們承諾保護自己及對方，然後進到各自的生活、人際關係、雙方家庭及未來抱負等，引導小倆口從微觀面進入宏觀面來看這份關係。他們也同意發展一份有建設性、有展望的感情關係，並且知道，不論畢業後發生什麼事、以後會不會結婚，目前關係的充實、穩定才是最重要的。

4 兩情若繾綣，又豈需情趣用品

長期使用情趣用品，會被物品主導性愛，而不是出自於內心對伴侶的渴望與熱愛。

案例

李姊與杜鵑雖然相差十二歲，卻因工作必須配合以及個性合得來，成為好同事，經常分享生活中的苦與樂。

杜鵑：「大姐，有件事想問妳，不過有點不好意思，很難開口。」

李姊：「沒關係，妳想說就說，慢慢來。」

杜鵑：「我就知道妳最關心我了，可是，妳不能跟別人說哦。」

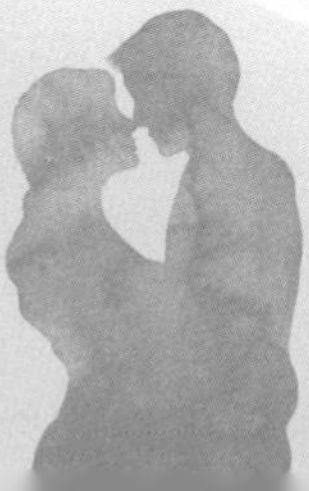

李姊：「如果是個人隱私，妳放心好了，我不是大嘴巴！」

杜鵑：「是這樣的，我先生婚前愛看A片，婚後有收斂，結婚這兩年，我們性生活還不錯，不過生完小孩之後，有一陣子我很忙很累，於是性愛次數降低，現在才逐漸恢復。」

李姊：「這很正常啊，有恢復就好！」

杜鵑：「大姐妳不知道，上個月他居然去情趣商店買了電動按摩棒和跳蛋回來，我死都不肯用。上星期他說要送我禮物，一打開來，竟然是跳蛋專用的內褲和性感內衣。我勉強穿上，他性趣可高呢，要我走時裝秀，接著熱情洋溢地辦事。雖然親密如往常，我總覺得怪怪的，為什麼要多此一舉？他這樣正常嗎？」

李姊：「老妹，妳問對人了，其實我也有不可告人的秘密，哈哈！」

杜鵑：「真的？妳老公也這樣？這麼說，男人都好此道？」

李姊：「不是不是，別誤會。我們結婚十六年，感情很好，不過性生活在七、八年前失去活力，那時先生工作壓力大，回家只想休息，我也因為照顧小孩和生病的媽媽，有一陣子完全沒性趣。媽媽過世後我稍微喘口氣，先生也升上主管，我們都認為必須提高家庭生活品質，所以盡量撥時間給彼此和孩子。」

杜鵑：「哇，好可怕，我以後也會進入這個階段嗎？」

李姊：「別急別急，妳也別擔心，婚姻生活本來就有高低起伏，夫妻只要同心面對低潮，就可以通過考驗。我們現在經常一家四口出去玩，關係很緊密。不過，性生活雖然恢復，卻有點機械化，好像時候到了就該行房，總覺得缺少什麼。」

杜鵑：「然後呢？妳先生就去買情趣用品？」

李姊：「不是。因為我看過性諮商的報導，於是徵求先生同意，透過一位諮商心理師推薦，去看了性諮商師。她和我們晤談許久，發現問題不大，應該是生活中的忙碌與盲目讓我們失去激情，但感情好就是改善婚姻的最大動力，兩人同心便可以找回過去的激情，並且創造新的激情。」

杜鵑：「所以你們就去買情趣用品？」

李姊：「別急別急。性諮商師要我們重溫年輕時戀愛及新婚的情景，回想我們如何談情說愛、親熱溫存，要我們用那種心態來彼此對待。平日可以有些

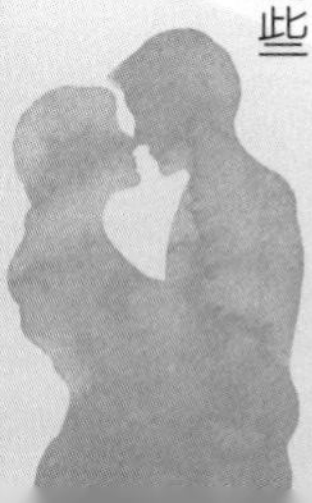

身體接觸，像是撫肩、摟抱、吻別等，晚上依偎在沙發看電視或是窩在床上枕邊細語，另外，每周定期小約會一次，每月大約會一次，培養情趣及親密感。性諮商師還建議有時可以到摩鐵或飯店去溫存幾小時或住一晚。」

杜鵑：「所以不需要情趣用品？」

李姊：「性諮商師的意思是，夫妻要多花時間在彼此身上，不論是心靈交流或身體接觸，當親密感提昇，就會想念對方、渴望對方，自然就會產生激情。不過，她也說，有些中年夫妻性觀念保守，本來就很少談情說愛，比較不容易進入激情，性愛也比較公式化，這時就要藉輔助用品來刺激情慾，是治療用的，不是搞情趣的。」

杜鵑：「輔助用品就是情趣用品？」

李姊：「是的，是治療用的，不過，不見得適合所有夫妻。性諮商師強調是針對性生活平淡的夫妻。她說年輕人荷爾蒙分泌較多，對肉體的刺激很敏感，很容易產生激情，所以性生活頻率較高，且兩情繾綣，必然會渴望合而為一，一般是不需要輔助用品的。」

杜鵑：「我也覺得不需要，我很享受跟他親熱，可是他為什麼還要買情趣用品呢？難道他對我沒有激情了嗎？我也要去找性諮商師問問。」

你應該這樣做

情趣用品是偏差認知下的商業產物

李女對情趣用品的疑團終於在性諮商師那裡得到解答。

青少年對性好奇很正常，但是缺乏父母及師長的正確性教育，往往自我摸索、道聽塗說，於是受到媒體渲染和同儕誤導，以A片為範本，產生偏差的性愛觀，加上強烈的好奇心，以為使用情趣用品就可以增加雄風，令伴侶欲仙欲死。這種錯誤認知持續到成人以後，於是用在伴侶身上。

所謂「情趣用品」，英文是「Adult toys」，即成人玩具，是針對人們對性的好奇與冒險，研發出各種個人及雙人性愛的輔助用品，美其名叫情趣用品，種類琳瑯滿目，像是：電動按摩棒、跳蛋、情趣提昇膏、自慰器、飛機杯等等，另外還有穿著系列，例如：性感內衣、火辣馬甲、吊襪帶、丁字褲、尼龍

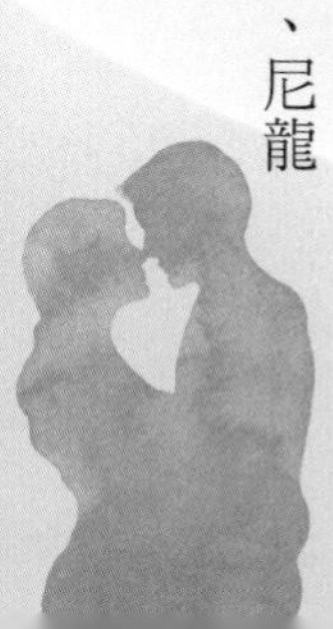

手銬等，不勝枚舉。說穿了，就是商業，各國皆然。

A片中的聲光刺激，以及情趣用品的形狀、想像刺激，真的會引發男女高度的身心慾望，倘若雙方都有同樣的喜愛，是可以在性愛中激盪歡愉的，但這只是非常短暫的刺激，不可能每次行房都使用情趣用品，如果是，那就會被物品主導性愛，而不是出自於內心對伴侶的渴望與熱愛。只是有些執迷不悟的男性樂此不疲，同樣的情趣用品用幾次就膩了，還得不斷更換產品，結果變成商品的追求者，被情趣用品廠商牽著鼻子走。

是治療的輔具，而不是性愛必備品

大部分的女性伴侶都抗拒使用情趣用品，往往是半推半就地順從男方，心裡卻有著疑問及疙瘩。一旦心理不自在，就不容易享受性愛。當然有人會跟著男方一起感到刺激，只是時間一久，老是靠情趣用品，還是覺得怪怪的。

做愛不就是兩個相愛的人做喜歡做的事嗎？應該專注在彼此的身體上，當接吻擁抱愛撫時，用心去感受手掌、手指、身體接觸的感覺，刺激感油然而生。所以，伴侶們深愛對方，本著「付出而後得到」的心態，竭盡所能地互相配合，自然可以達到滿意滿足的境界。

從性諮商／性治療的觀點，情趣商品是輔助用品，對於生活充滿壓力，缺乏情慾，或是老夫老妻，一切都是例行公事的人，是有效的治療工具，輔助情感關係好的伴侶／夫妻感受感官、觸覺的刺激，提昇情慾，重燃慾火。不過，它就像藥品一樣，治療好了就不需再用了。當夫妻／伴侶性愛感情觀正確、性心理健康、性生活愉悅，自然就不再需要情趣用品的治療了。

5 美好性愛，男女誰主動都好

婚姻生活像是錯綜複雜的人際關係，有許多表面看起來不錯的婚姻，其實有性困擾，只是不敢面對。

案例

在一個婦女成長團體「婚姻幸福工作坊」活動的尾聲時，學員們在互相鼓勵及支持下，做了相當程度的自我揭露。

A女：「剛結婚時很不錯，但十幾年下來，我對先生愈來愈不滿意。他下班後兩隻眼睛就盯著電視螢幕，我說話他當耳邊風，所以兩人幾乎沒有對話和交集。……至於性生活，一向以他為主。他總是半夜把我吵醒，草草了事。另外，我和婆婆不和，雖然沒住在一起，但她就是看我不順眼，百般刁難，先生卻一味要求我要順從。就因為對夫妻關係很憂心，我才來參加工作坊。」

B女：「我們一家三口都是教徒，本來家庭和諧，卻因為兒子要與女友一起出國旅遊而投下一顆炸彈。他們倆是同事，日久生情，過年時報名參加廈門之旅，卻是睡同一間房，我極力反對，要兒子去跟旅行社講，各自分開睡。沒想到旅行社說無法拆散其他團員，於是我堅持加付房錢，非得他們倆人各睡一間。兒子雖然不願意，但也聽命。倒是先生卻指責我，說我腦袋古板，孩子長大了，有自己的生活。他還說，要管就先管好我們的性生活吧！這真是如五雷轟頂，原來先生一直不滿意我們的性生活，如果不是神為我們連結，他可能早就有外遇了！」

團體成員雖然已經上過「親密關係」、「性表達、性溝通」等單元，已有基本認知，但還未能實行，一時間聽到A、B兩女做這方面的自我揭露，都有點錯愕，沒人敢接腔。於是，工作坊的帶領老師打破靜默說道：「婚姻生活像是錯綜複雜的人際關係，有許多表面看起來不錯的婚姻，其實有性困擾，只是不敢面對。兩位成員能夠勇於面對自己的性生活問題，願意在團體中分享，值得大家學習。讓我們再聽聽她們的『性』路歷程吧！」

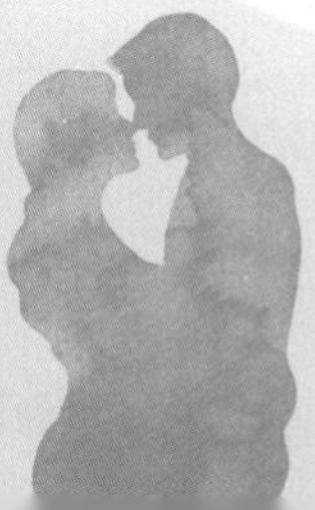

A女：「老實說，工作坊進行到第三週時，我有接受老師的建議，去某機構接受性諮商。從前我都以為妻子在性事上應盡力配合先生，滿足其欲望，不可主動、不能要求。經過工作坊課程及性諮商師的導正，我終於有了正確觀念與自我性認同。……之後半夜被吵醒，我不再配合他，溫婉地告訴他，這樣做愛是沒有品質的，倒不如第二天晚上洗完澡後恩愛一番，保證兩個人都能獲得性愉悅。他被拒絕當然不高興，居然去浴室自慰。第二天我穿上性感睡衣，邀他枕邊細語，兩人很自然地就親密愛撫，在兩廂情願、情慾高漲下，果然有了極棒的效果，他也終於瞭解我不喜歡被吵醒，睡眼惺忪做愛的感覺。」

B女：「聖經的教義深入我心，祂教導我，如果不能克制肉體情慾的行為，就容易陷入淫亂、汙穢與邪蕩，行這樣事的人必不得承受神的國度。我擔心兒子孤男寡女不能克制，也氣他女友沒有提出異議。罵不到他們，只好對著先生開罵，沒想到卻勾起他的新仇舊怨，說話有如利刃。我自認沒做錯什麼，於是罵他背神好淫。夫妻冷戰三個月，我既擔心他會有小三，也難熬自己的需求，除了暗自啜泣，就是向神禱告。」

「神果真聽到我的困苦，為我開了一扇窗。我先是在家扶中心當義工，後來又參加這個工作坊，才察覺到社會上有不少人陷在不同的困境中，而婚姻中的困境，尤其是性，有許多夫妻是困在自己的觀念中。像我一直以為性生活只要滿足先生，他就不會有小三，但是當做愛頻率過高時，又覺得他好淫而拒絕。」

「我是從工作坊老師推薦的讀物中瞭解到做妻子的原來也可以主動，由性表達、性溝通開始，雙方都可以有創意地營造夫妻親密關係。我於是向神請求給我勇氣及力量，決定致力改善夫妻關係。」

「首先我向先生表達歉意，我太食古不化，對性事太敏感、太擔心，以致於不信任兒子且遷怒他女友。我也太擔心先生會有小三，在性事方面恪守『順從』，卻忽略了丈夫需要我的熱烈反應或主動表達。感謝神，讓我看到自己的問題。」

學員們的表情從目瞪口呆轉為放鬆微笑，兩位女性的坦誠與自我深省觸動了大家。

你應該這樣做

性迷思讓婚姻關係岌岌可危

A、B兩女面對的問題，在許多婚姻中都存在，有人得過且過，但不快樂；有人因為衝突（一方想要，一方拒絕）或誤解而同床異夢，過著無性生活；有人向外尋求慰藉，而引發婚姻解組。

縱然婚姻是靠兩人一同經營，但只要一方有根深蒂固的性迷思、固守成見，婚姻關係就會岌岌可危。從以上的自我揭露，可以看到A、B兩位女性的性迷思。不論是否為教徒，都認為妻子要順從丈夫，不能主張自己的身體；做愛是由丈夫主動，他要就得配合，這是丈夫的權利，也是妻子的責任與義務；即使自己有欲望也不能表達，以免被視為好淫。因為這些迷思，造成雙方滿足度上的差異。

A女因為婆媳關係不佳而憂慮，加上得不到丈夫的支持，有孤軍奮戰之感；在性生活上，自己有欲望時不敢主動，平常睡得正熟時卻被騷擾，只能勉強配合，無法盡情享受。她總是忍，終於忍到不想再忍，於是想要突破，尋求解決之道。

因為對先生的愛，她來上工作坊、做性諮商，對性有了新的認識，以及對自我的性認同。顧及大局，她選擇改變自己，並且引導丈夫進行有品質的性愛，當性生活改善，日常生活關係也就比以往順暢多了。

有品質的性愛能提昇夫妻的親密關係

B女雖然比較強勢，卻是虔誠的教徒，深信聖經教義，誠心做個好妻子、好母親，因此在性生活上隨丈夫要求，卻從未談性說愛。她對兒子管教甚嚴，怕他年輕犯情慾之罪，卻從未與他談性說理。一場旅遊活動，引發母子關係緊張，也引爆夫妻性生活問題，她才知道丈夫一直忍受她的僵化，但她卻總以為順從就是取悅，就是婚姻的保障。

好在信仰給了她力量，加上工作坊的教化，她檢討自己，學習以新的態度對待兒子及丈夫。好在這份誠意修補了母子關係，也軟化了僵局，讓夫妻間逐漸有了正常生活互動與性互動。

所謂有品質的性生活，就是雙方均有性慾與激情，並且信任、尊重對方，以「付出換取得到」的心態，親近雙方的身體；用充裕的時間、輕鬆的心情，來享受愛撫或性交。終於感受到有品質的性愛，可以將夫妻關係提昇到靈肉合一的境界。

6 美好的前戲，是性福的一半

夫妻雙方都需要把自己的感覺和期待說出來，溝通、調整、磨合，才能打造出甜蜜美好的性生活。

案例一

等他完事後，我才開始要有感覺

曾聽戀愛中的閨蜜說過，做愛很舒服，會讓人上癮。然而，我的性生活卻非如此，我還特地去聽了一場名為「婚姻中雙人床的甜蜜」的演講，才知道夫妻間的性愛真的可以很激盪、很歡愉。

為什麼我的感覺不是這樣呢？

大明和我都是彼此的初戀，戀愛時的親熱很溫暖、很窩心，新婚時的性愛

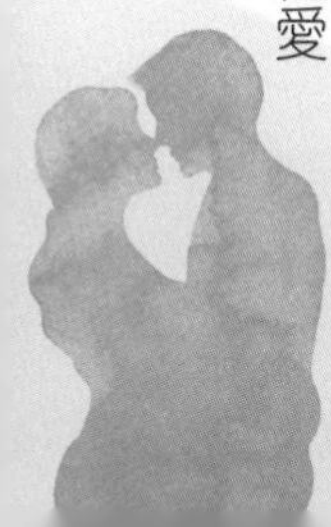

很新鮮奇妙，兩人裸身抱在一起就很刺激。如今結婚已三年，孩子一歲多，但我怎麼覺得自己還在適應期，或者說我對性生活還有期待呢？

我們很愛對方，躺在床上時，我好喜歡他的擁抱，但可能忙了一天雙方都睏了，他脫了我的衣服，撫摸一下我的敏感部位就開始進行。他可以做得很久，但我卻不覺得激盪，只覺得他在我身體裡滿實在的；等他完事後，我才開始要有感覺。所以，我是心理上親密，身體卻得不到滿足。

這是我心裡的祕密，不敢對心愛的大明說，怕傷他的自尊心，也擔心問題是出在自己身上，但我不知該向誰啟口、求救。

案例二

身體上親密，心理上卻無滿足感

最近我老是想起前女友，腦中不時出現當年兩人翻雲覆雨的畫面。我和她分手是因為交往一年後發現兩人個性不合。她外向好動，有野心有抱負，常咄咄逼人。不過，在性愛方面卻很主動，配合良好且反應熱烈。儘管兩人常吵架，做愛時卻是很享受。

這塵封已久的往事，讓我面對妻子小美時，有一種莫名的罪惡感。

我欣賞小美的溫柔婉約，她笑容甜美、楚楚動人，也很享受小鳥依人。剛結婚時我覺得很幸福，然而，漸漸地，我發現小美在性事上非常被動。當我看著她感受親吻撫摸的舒服神情，就會覺得很刺激，可是她卻不會主動抱我親我，更不用說用手或口去愛撫我的身體。她只是一味地順從、接納，看起來像在享受，但我不知道她是否真的享受、真的高潮。

我曾問過她舒不舒服，她總是害羞地把頭埋在我胸前，不發一語。我現在愈來愈覺得自己在唱獨角戲，有時更像是在跟木頭做愛；身體上親密，心理上卻無滿足感。為什麼兩個女人相差這麼多？

你應該這樣做

被挑逗，並不表示我準備好了！

關於夫妻性生活，也是家家有本難唸的經，卻是不足為外人道，也不敢向

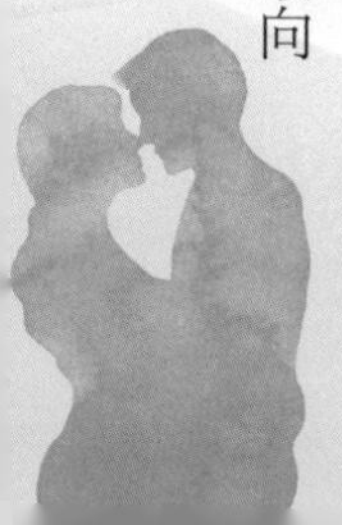

最親密的枕邊人講，因為性是很敏感的議題，若處理得不好，擔心會傷害伴侶的自尊，也會害怕是自己的問題，認為自己缺乏性吸引力、不會做愛、感覺不正確或想太多等，但又不願意去醫院問診。

其實伴侶間的性不和諧，往往是「冰凍三尺，非一日之寒」，伴侶必須各開金口，講出各自的感覺和心裡所想，進而找出真正的問題，才能有效面對和處理。

像是第一個案例中，夫妻應該很相愛，只是結婚久了，夜夜同眠，婚前那種想做卻得適可而止的纏綿愛撫就不再出現；手一伸就可以觸摸到對方，有欲望時便很習慣地互相觸摸愛撫，於是，很少或是幾乎沒有詢問彼此的感官感覺。

A夫憑本能及需求衝動去碰觸妻子的嘴唇及敏感部位，自己覺得很興奮，就以為妻子也同樣被撩起。其實大部分女性的身體都需要被慢慢地輕柔地撫摸，才能促進身體的激發和全身的感官感覺。也就是說，A夫不要急著長驅直入，而是要多花些時間在前戲，等兩人都進入同等程度的備戰狀態，才是性交最美妙的時機。

A夫的確是前戲不足，但並不表示他不會做愛，只是需要學習。學習的目的是提昇夫妻做愛的品質、促進身心滿足及親密。因此，A妻不必想太多，更不用貶低自己或顧及男人的自尊心。

我需要妳的主動、妳的狂野

至於B夫，他應該是很愛妻子的，也沒有存心要去比較前後兩女在床第方面的表現，只因為他在性生活中沒有感受到妻子的熱情、欲望與狂野，愈來愈覺得都是他一個人在努力；因為有欠缺感、內心不滿足，才會讓過去的性愛經驗從塵封的記憶中跳了出來，於是開始比較與質疑。

B夫以同樣的方式，先後與兩個女人做愛，為何感覺上卻是差別如此大呢？這當然和小美的個性、所受的性教育，還有她本身的性需求與性反應有關。小美的個性顯然柔順保守，也從未與人談論性，對性缺乏認知，加上對自己的身心放不開，因此在性生活中的表現僵化。也許她確實有享受到？或者只要丈夫達陣她就開心？而這只有她自己知道，不過，這樣的性愛未有水乳交融的感覺，難怪B夫在心理上會不滿足。

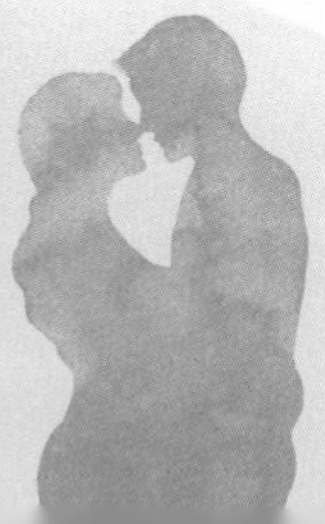

只是，小美既是自己最愛最親的枕邊人，在心裡嫌她怨她是沒用的，反而疏離了彼此的親密感。既然B夫是主訴求者，就有責任改變自己，從以前的不談「性」說「愛」，到與妻子開口談性，引導她進入兩人合意的性世界。可以在日常聊天中，從社會新聞或觀賞電影的床戲橋段談起，分享各自的感覺與看法。B夫能夠經常以客觀、坦然的方式來談，或許起先小美沒什麼反應，但久了，當她習慣丈夫的言談，逐漸瞭解談「性」說「愛」並非禁忌，就會接納並有所回應。

但光談還不夠，平時也可以有更多的親密動作，牽手、接吻、擁抱等，專注在彼此身上和當時的感覺，例如：「妳喜歡這樣嗎？」、「妳知道我最喜歡妳碰觸我哪裡嗎？」、「妳舒服或不舒服都可以告訴我」等表達性的語言；以愛意及性語言來激發妻子的情慾，鼓勵她解放自己的身體，走出性的壓抑。

B夫要用耐心及愛心來帶領、教導，並引發妻子在做愛時專注於當下、盡情地表達自己的感受，同時也顧及丈夫的感覺及享受。

做愛並沒有方法上的對錯，而是要有正確的性親密觀念與態度。衝動是本性，性交是本能，是一種私欲，伴侶行房是「付出即得到（Give to Take）」，意即雙向交流。

做愛的歷程通常是「前戲→性交→後戲」，歷程三部曲是可以學習的，夫妻／伴侶可以互相學習，由比較懂的一方去引導另一方，或是雙方一起閱讀書籍、觀賞教育性的性影片，甚至一同去做性諮商，強化性生活品質。

請記住，前戲絕對重要，好的開始的確是性愛成功的一半！

7 酒藥上身，性事下床

不瞭解自己的問題而直接尋求性諮商，很可能懷著期望而來，卻帶著失望而返。

案例一

連人生最後一點樂趣都要失去

我知道自己的問題很多，應該找人談，但我目前最大的擔心還是我的性功能，所以就直接來找性諮商師了。

我二十八歲結婚，五年後妻子嫌我太悶又不會賺錢，帶著女兒離開。離婚三年來，我的心情一直都很糟，還好老父一直安慰我，並且搬來和我同住，父子倆相依為命。只可惜父親得了癌症，半年後過世，從在醫院陪伴到送他入士，我的心一直在滴血，每天鬱鬱寡歡。

同事B女是單親媽媽，在工作及生活上都很照顧我，我們偶爾也會有親密行為。是她要我去看精神科的，醫生診斷出我有憂鬱症，並且開始服藥。我很感激B女，會應她之邀出去吃飯或到她家親熱，只是最近半年我發現自己性趣缺缺，就是在一起時也很不容易硬起來，總是要靠她幫忙，必須費上一番工夫，結果也不盡如人意。我覺得顏面盡失，更覺得對不起她。

我是個奉公守法的公務員，從沒做過壞事，為什麼這麼倒楣，妻離女散、父親過世，又莫名其妙得了憂鬱症，現在居然還不舉，連人生最後一點樂趣都失去了，我該怎麼辦？

案例二

我百般挑逗，他依舊欲振無力

我和先生的感情好，性生活也活潑，就算生完兩個孩子，依舊享受性愛，覺得自己是個幸福的女人。只是，當我的先生升上主管後，應酬變多，又常去大陸出差，喝酒的機會實在太多。

以前，我的公婆嗜酒，除了紹興酒是從公賣局買來的，婆婆還經常自己釀水果酒，所以我先生從小就能喝。後來，公公在我們結婚前因肝癌過世，婆婆年邁，無法再釀酒了，加上與大伯全家同住，大嫂是個虔誠的佛教徒，滴酒不沾，從此以後，酒就完全退出這個家族。

我先生也知道酒喝多了會傷身，但在應酬，面對客戶互相勸酒時，酒蟲就又爬了出來，他總是喝得爛醉。起初他常藉酒亂性，對我熱情洋溢、大膽開放，我還真享受這樣的狂野，但是兩三年下來，他變得酒後無力，不只是酒後無性，平常不喝酒的日子也是性趣缺缺，即便我百般挑逗，他依舊欲振無力。我很耐心地撩撥他、愛撫他，他也知道我的需求，卻只能用替代方式解決。我雖然有達到高潮，卻不是身體結合，心理上不夠滿足。可是我也不敢對他說，畢竟他已經很盡力了。

現在我們的婚姻表面上跟以前一樣，但性生活方面卻好景不再，不知有什麼辦法可以恢復我們的性愛？求助性諮商有用嗎？

你應該這樣做

性愛困擾真不少

男性的性功能障礙，最常見的就是勃起功能障礙與低性慾。很多男人一生中多少都會經歷這類困擾，進而產生焦慮、擔心與挫折感，總覺得雄風不再就不是真正的男人；人生無趣又無望。其實，性功能障礙就像感冒一樣，是可以治療的，但急不得。感冒需要休息，性功能障礙則是需要瞭解成因，針對形成的生理因素或心理社會因素，做適當的處理。

當事人自己很徬徨，但無法開口與伴侶討論，更不足為外人道，就算看醫生，醫生也只是針對生理成因開藥方，並未深入與當事人討論其內心的擔心與挫折。性諮商師治療的第一步就是給案主信心與希望，讓他知道性功能障礙不是絕症，是可以治好的。只是，自己的事當然要自己解決，案主得百分之百地接受並配合認知行為治療，才能一步一步邁向美好的性生活。

藥能醫病，也會傷性

Ａ君是個好人，宅男個性的他喜歡安穩生活，在人際關係與人生哲學上，有很多有待處理的問題，而最大的問題當然是離婚與父親過世帶給他的失落與哀傷。他不自覺地沉溺在這些負面情緒中，自然快樂不起來。

Ｂ女看Ａ君忠厚老實，近水樓臺，便藉關心來接近他。或許因為Ｂ女不是自己喜歡的類型，但Ａ君卻逐漸依賴她，並有了親密行為，形成各取所需、互相依賴的男女關係。

Ｂ女看出Ａ君的憂鬱情結，也感覺到他的性慾不旺，於是好意催促他去看精神科醫師，並按時服藥。Ａ君和Ｂ女都不知道抗憂鬱劑在服用一段時間後會產生低性慾及低激發的副作用，致使原來性慾就不高的Ａ君更是性趣缺缺或無性慾了，而勃起功能也因藥物的副作用而受到阻礙。

Ａ君最擔心的是性功能，才會求助性諮商師。此時，性諮商師也不能答應他做性治療，因為Ａ君性問題的根源在於憂鬱症及服用的抗憂鬱劑。他除了按時服藥，穩定病情外，還要接受心理治療，尤其是失落與哀傷處理，藉改變認知及情緒來減輕憂鬱心態，等到他對自己有充分的瞭解，同時心理狀態有所改進，對人生有希望，對週遭人事物不再漠視，願意走出封閉的世界，便是他可以接受性治療的時候了。

酒能助興，也會失性

C妻哀嘆於性生活自有變無，也分享她在性關係中所做的努力，以及丈夫為了滿足她的需求而盡力。她也知道問題在於先生酗酒，但是先生被環境控制，無法改變，所以她想要求助性諮商。

少量的酒精通常會加強性慾，但大量酒精則會妨礙勃起功能，像C妻的先生就是因為慢性酒精濫用，而對身體造成實際的傷害，阻礙了性功能，產生低性慾及勃起功能障礙。

因此，無論是C妻單獨前來找性諮商師，或者和先生兩人一起做性諮商，諮商師都會清楚地說明，在酒精仍然干擾身體時，要改善性功能是非常困難的，建議他們先不要醫治性問題，並在取得他們的同意下，將他們轉介至戒酒協會或醫院的戒酒團體，丈夫接受治療，而妻子接受家屬諮商。

其實，C妻的先生最優先要做的事是，不要把自己放在喝酒的環境中，這

對於擔任主管的他必然很困難，但他要想想，在工作之外，個人健康及婚姻性生活也都很重要，諮商（性諮商之前）的另一個目的就是讓對方想通生活中的輕重緩急、先後順序，協助他做出新的生涯規劃，以及婚姻生活的調適。

總而言之，並不是人人都可以或是必須接受性諮商。很多人不瞭解自己的問題，也不清楚性諮商，可能懷著期望而來，卻帶著失望而返，因此，性諮商師必須很有耐心地關懷並解釋，帶給案主們希望與鼓勵，等他們的心理疾病或酒精濫用的情況處理妥當後，再來做性諮商仍不嫌太遲。

8 高潮這檔事

新婚一兩年後，婚姻生活已成固定型態，彼此對於床第之事也很習慣自在，但就是從這個時間點開始，一些床事問題開始產生。

案例一

兩三下便長驅直入，我總覺得少了什麼？

我倆都是教徒，婚前僅止於接吻擁抱。新婚時兩人忙於摸索，怎麼碰觸都好激盪好舒服，只是丈夫每次射精後就像洩了氣的皮球，倒頭大睡。

後來上網搜尋才知道我大部分時間都沒有達到高潮。擔心是我自己的問題，於是偷偷問了結婚三年的教會姐妹。她說她跟先生配合良好，每次都能到

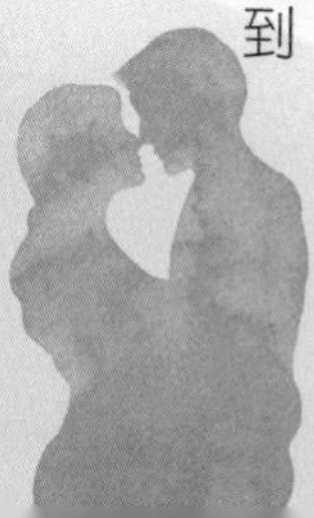

達高潮，雙方都有滿足感。她也提到前戲與後戲，我才瞭解原來新婚時的摸索是前戲的一種，只是現在我先生只親吻我就脫衣了，隨便摸兩三下便長驅直入。我總覺得少了什麼似的。

這位姐妹說她有聽過「高潮喪失疾患」這名詞，要我去問婦產科醫生。但，真的是我的問題嗎？這種事我不好意思跟先生說，將來若被他知道我沒告知他就去看婦產科，他會怎麼想呢？

案例二

我還沒熱夠，他就爆了！

我的問題很難啟齒，憋了好幾年，我快受不了了。

事情是這樣的，婚前我與男友有過親密關係，愛撫纏綿刺激，也曾經有過幾次陰道高潮，非常愉悅。後來因為他劈腿，傷心的我便和他分手了。

嫁給老公三年，我們經常做愛，雖然先生很努力地想讓我高潮，會一直問我是不是到高潮了，但往往我還沒熱夠，他就爆了，讓我有落空的感覺。他很體貼也很溫柔，洩精後會應我要求對我進行口交或手交，讓我享受陰蒂高潮。

我想問的是，這種做愛方式正常嗎？陰蒂高潮取代陰道高潮，會不會有不好的影響？我都不敢問先生，只是順著他。而且我也好奇為什麼我無法達到高潮？難道我一輩子就這樣嗎？該去醫院看哪一科？

你應該這樣做

喂，別只顧著自己爽！

年輕夫妻感情好、性生活頻繁，但不一定都會順暢美好。通常新婚頭一兩年後，婚姻生活已成固定型態，彼此對於床第之事也很習慣自在，但也就是從這個時間點開始，一些問題開始產生，例如：女性漸無性慾、無法達到高潮；男性有時不能完全勃起或是太快洩精等。一次、兩次發生，乃至頻繁出現，於是造成一方或雙方的內心困擾與肉體不滿足。

這些困擾往往是逐漸產生的，起先會覺得沒什麼，反正還有下次，而且也

不知如何表達，畢竟許多夫妻對性這檔事是光做不說的。這兩個案例中的妻子，因為逐漸感到有欠缺，儘管夫妻感情不錯，卻還是無法開口談高潮，困擾到一個極限，只好向外求助。

A女先是問教會姐妹，卻被建議去看醫生，而B女則是直接以匿名方式寫信到報刊專欄，不敢跟先生討論她的疑惑。

女人本來就熱得慢，縱使已有性慾，還得等待身體的激發，尤其是個性保守、婚前未曾認識性的A女，更需要丈夫較長時間的愛撫。偏偏A女的先生也是保守的教徒，婚前對於調情愛撫不甚瞭解，婚後也沒有花心思聆聽妻子的身體需求，他以為身體結合就是愛的表達，所以雖然是「愛」，卻是「做」得不夠；不是他不夠好、不夠力，而是他應該著重於前戲，暫時克制自己的衝動，專注於兩人耳鬢廝磨、身體碰觸的熱情刺激感。當A女的身心激發直線上升，準備好雙方的結合，就容易高潮了。

B女說她還沒熱，先生就爆了，顯然也是前戲時間太短即匆匆上陣，儘管兩人均有渴望及激情，但先生已經衝動到不可克制，只好先享受自己的高潮了。幸好他很體貼，會顧及妻子的需求，怕她不滿足，主動替她口交或手交，刺激陰核，幫助她達到高潮。雖然兩個人都有享受到，但因B女婚前的陰道交經驗令她體會到陰道內高潮的愉悅，相形之下，會感覺有差別、有那麼一點點欠缺，性生活表面上美滿，心中卻是困惑。

女人需要多一點時間的蘊釀、激發

性生活不協調已是事實，但因為是自己沒高潮，兩女都擔心是自己的問題。她們卻沒有想過，自己既然曾經享受過高潮的愉悅，就表示自己是有能力達到高潮的，所以不會是她個人的問題，有可能是丈夫的問題，也可能是兩個人的問題。

做愛本來就是兩個人的事，有一方覺得不對勁或是有困惑，就應該提出來討論。但是她們都不敢問先生，A女甚至擔心先生若知道她因此事去看婦產科醫生，可能會亂想或誤解。其原因有：

1. 性是禁忌，夫妻從沒說過、溝通過，當然很難啟口。
2. 你有高潮，我沒高潮，所以是我個人的問題。
3. 找醫生有家醜外揚之憂，怕丈夫生氣。

4.怕丈夫覺得自己好淫，不容易滿足。

5.擔心丈夫誤解他不夠賣力、不夠好。尤其是B女，先生已經用替代方式讓她達到高潮了。

不論是妻子或丈夫，任一方有問題，都會影響到夫妻的性生活。因此，當性生活不和諧時，不論原因為何，就是夫妻倆的問題。首先，應該坦承自己的感覺及需求，雙方要既談又做，當成練習或實驗，討論如何進行各自都有感覺的前戲、延長愛撫的時間。丈夫尤其要有耐性及控制力，投妻子所好，讓她由內到外逐漸激發，等火熱難耐才開始陰道交，過程中盡量配合妻子的需求。不妨多練習幾次，先抓住妻子可以達到高潮的狀況及時間，再加以改進。

要性福，就必須邊說邊練

A女不必道聽塗說，以為自己真的得了什麼疾患，重要的是選對時間，並創造情調來行房，千萬不要在丈夫已經累得快睡著時進行。愛撫不只是動作，甜言蜜語也是一種刺激和挑逗。B夫婦的性愛模式已經三年，可能得花點時間建立新的性互動模式。雖然先生以替代方式讓B女獲得高潮，也算是性愛的一種方式，不過，建議可以與陰道交輪流使用。如果性互動能夠改進，為什麼不享受陰道交呢？除非先生有早發性射精的問題。

或許B女的先生早就知道自己有早洩現象，加上研讀過性學書籍，知道以口交及手交替代方式可以讓妻子獲得高潮，所以婚後就用這樣的性生活模式。如果是真的，那他就是對自己不誠實，對妻子則是既不誠實也不公平，這會是另一個性問題，不但要看泌尿科，也要找性諮商師。

性生活不可能一路順暢，夫妻因為各自的身體狀況及心理因素，偶爾會出點問題，不需要驚慌害怕，也不要自責，夫妻團結一心面對問題、努力改善，必定能夠恢復性福。

9 健康亮紅燈≠房事熄燈

許多人都認為生病期間必須斷絕性生活，這乃源於對性愛的認知有誤。

案例一

他沒有性慾，可是我有呀！

自從丈夫得了糖尿病，他的起居飲食都是我在照料，但他經常在上班日的中午用餐時段很不節制，所以病情並未減輕，藥劑不斷加量，最後連每周一次的性生活也停了（因為他常不舉或是半途軟掉，於是就不想做了），一點都不管我的感受與身心需求。

結婚前十年，我們的性生活頻繁美滿，五年前他得了糖尿病後，性生活從此就每況愈下，乃至歸零。晚上他總是早早上床睡覺，想跟他聊天，他都會說睏了。白天可以跟我和女兒聊很多事情，也常一起逛街用餐、訪友。我們的感情還算是不錯，只是我覺得他白天是丈夫，夜晚就只是同睡一張床的室友。糖尿病很難根治，難道我就這樣守活寡嗎？

我是教友，好不容易向牧師娘啟齒，她勸我要忍耐，照顧並順應生病的丈夫是妻子的職責；年輕時有好的性生活是人生最好的禮物，現在步入中年，這方面就要看淡。她說的不是沒有道理，可是我真的有需求啊，怎麼辦呢？

案例二

先生養病，我成了活寡婦

我跟先生都是四十歲，感情很好，性生活也很活潑。只是他是A型人格加工作狂，拚命衝事業，想給家庭好的物質享受，同時預存孩子們大學及出國深造的費用，加上飲食不正常，居然心肌梗塞，鬼門關前走了一趟，總算沒事。醫生說要靜養四個月，期間不能有劇烈運動。

陪他去複診時，我鼓起勇氣問醫生可不可以有性生活。年輕的醫師好像有點窘迫，含糊地說休養期間最好不要有。我當然知道靜養的重要性，但是擔心丈夫會想要，而且只要他一撩撥，我也是無法拒絕。

沒想到他卻變得貪生怕死，一心只想靜養清修，每天只花三小時在家處理公務，其他時間就是看書報雜誌或上網收發信件，也不忘每天走六千步。我曾用言語暗示、肢體挑逗，他都無動於衷，說性命攸關，要聽醫生的話，拜託我忍耐一陣子。我看得出他不是沒有性慾，也感覺得到他的勃起，只是他的理智戰勝了情慾。

請問這樣人道嗎？從發病至今兩個半月都沒有性生活！他為了養病住客房，不願意與我同床。我曾偷偷自慰三次，很壓抑，缺乏愛撫又不敢呻吟，沒有滿足感，好心煩喔！

你應該這樣做

做愛不一定傷身，不做卻一定傷情

所謂性健康，就是「身體健康＋性心理健康」。夫妻／伴侶的親密關係就是建立在性健康的基礎上。只是，人難免有身體不適，如：生病、受傷、手術，或者懷孕不適、坐月子等，多少也會影響性功能，甚至降低性慾。

第一個案例中的Ａ夫，糖尿病漸趨嚴重，導致神經病症及勃起功能障礙；而第二個案例的Ｂ夫所服用的抗高血壓藥物會影響性慾，再加上他感覺到死亡的陰影，產生強烈的求生慾，只想聽醫生的話乖乖靜養，以求早日恢復健康，因此變成低性慾，甚至是無性慾。

這兩對夫妻原本過著幸福的婚姻生活，也必然共同度過一些生活難關，現在面對性生活的困擾卻是始料未及。不過，人到中年，就會開始有一些病痛或身體意外，都應該互相體諒，一起度過。東方人在性事上一向做得多、說得少，尤其是負面言語通常會放在心裡不說。Ａ夫早早上床睡覺，不給妻子機會枕邊細語，Ａ妻被婉拒，心裡不是滋味，加上身體有需求，自然會感到疏離與不滿足。同樣地，Ｂ夫自動戴上了性命攸關的大帽子，Ｂ妻便拿他無可奈何，也不敢表達自己的需求，只能暗自忍受性慾的煎熬。

因為太困擾了，A妻求助牧師娘，B妻則求教醫師，兩者得到的答案都是相同：「那就不要做！」這種回應其實是「頭痛醫頭，腳痛醫腳」，缺乏同理心，沒有注意到求助者的真正需求。

牧師娘的態度是可以理解的，因為她不懂性心理，只知道糖尿病的嚴重性；年輕醫生則是窘於和病人的配偶談性，回答「盡量不要做」，當然是最安全最無風險的選項。

性愛方法有變化，性福就上身

兩位妻子都擔心缺乏性生活，她們也都瞭解丈夫的狀況，但還是感受到夫妻之間的肉體疏離和自身的渴求。

一般人對性觀念是全有或全無，有性交就是有性生活，有愛撫就一定要進行性交，不然就不要碰觸彼此的身體。兩對夫妻都是這麼認為的，所以兩位妻子才會那麼哀怨，明明丈夫在身邊，自己卻是深閨寂寞。

其實不管是愛情也好，性愛也罷，絕對不是全有或全無。從性諮商的正確觀念來看，性交只是性的一部分，性之於身心的範圍很廣，由愛而性，接吻、擁抱、依偎、互相按摩及愛撫、口交、陰道交、肛交及互相自慰（手交），都是性愛，因此這兩對夫妻不必把陰道交及高潮視為必要的結果，而是將過程的投入、性愛任何環節都視為親密的表徵、愉快的享受。

正由於他們缺乏這些觀念，加上不談性、不做愛，在這種情況下，這個難題就必須仰賴性諮商師的教導及指引了。

A夫的問題是無法勃起，他不願面對挫折，寧可不做愛不愛撫；B夫因為不敢也不願意做劇烈運動而不肯有親密舉動，深怕慾火傷身。性諮商師必須讓他們瞭解身體接觸不一定就要性交，高潮也不一定要經由陰道交來獲得。夫妻同床共眠，光是抱著接吻聊天就能有興奮和親近感，不要老想著插入，而是要專注於對方的身體，吻、舔、撩或輕輕碰觸，乃至全身按摩，都是很舒服的，而且是親密的連結。

A夫的逃避，對妻子是不公平的，也剝奪自己的親密關係，A妻可以透過性諮商，學習用手來激發先生，讓他達到高潮，而A夫也可以用手或用口為妻子帶來歡愉和高潮。至於B夫，也得經過性諮商來克服害怕做愛傷身的心理因素，安心地與妻子做各種愛撫，享受肉體的碰觸，也可以用替代方案讓雙方達

到高潮。

婚姻中，生病的伴侶不該負全責，病痛不是他的錯，夫妻倆應該好好因應受到影響的性生活，而這又得回歸到夫妻之間的溝通，有溝通才能有共識。兩人可以一起去找性諮商師、接受引導，檢視各自的性愛觀念和健康受影響後的互動，聽從性諮商師的指示，多練習談性說愛和身體碰觸，由少而多，也嘗試各種替代方式，以提昇情趣，恢復親密感，這樣就不會有深閨怨了。

10 愛不能只說不做

夫妻性問題，需要真誠地面對、溝通、協調，說出彼此的感受及需求。

案例一

熟女的出軌慾望

結婚十幾年，婚姻生活漸趨平淡，孩子剛進高中，目前夫妻的共同活動就是周末全家出去吃飯，或是回我娘家。近五年已無性生活，但我有生理欲望，丈夫卻常喊累，忽視我的需要，偏偏這種事我既說不出口也不敢強迫。

年初在網路認識三十九歲的A君，每天上網聊天，交談甚歡，他表明願意和我上床，但我怕他嫌我老，因為我欺騙他年齡，說比他小一歲，雖然我看起

來年輕，但還是沒有勇氣跟他見面。

和別的男人上床，固然會受困於良心道德，但我真的有性需求，很想要那種感覺，有時厚著臉皮挑逗老公，可是他的身心就是沒反應。A君一直催著跟我盡早見面，我們認識快一年，請問我該怎麼辦？能給我這不安分的女人一些建議嗎？

案例二

同病相憐相約出軌

我們是坐四望五的夫妻，已經三年沒有身體接觸，老婆就是不感興趣，每天都比我早上床睡覺，不聊天也沒有愛撫，慢慢地也就減少了情緒連結。我們表面上同進同出，一起參加同事及親族的聚會，也一起上菜市場買菜，有時請朋友來家裡吃飯，一起逛百貨公司，但就是沒有性生活。我感到很痛苦，夜晚求歡老是被拒，跟她說我真的很想要，她都說：「我們這樣不是很好嗎？」

後來在網路上結識擔任公職的A女，她跟我有同樣情形，老公不跟她上床。我們逐漸發展出親密關係。這是遠距戀情，一南一北，一個月最多見一次面，但至少滿足我的欠缺，而且分享的事情愈來愈多，我也愈來愈珍惜這份感情。走到這一步，不知下一步該怎麼辦？

你應該這樣做

性是生活必需，最怕夫妻不同調

口渴想喝水，餓了想吃東西，冷了加衣服，有性慾要滿足，這是人的基本需求。至於需求的多寡則是因人而異。有人食慾很高，暴飲暴食；有人很怕冷，衣服穿得比較多；也有人性慾較強，需要經常做愛，有人則性需求不高。口慾物慾是個人的本性，性慾也是，卻比較難自我滿足，而是必須牽涉到人際關係，也就是伴侶關係，於是形成問題，所以頗為複雜。

夫妻之間的任何事，若一方說「是」、一方說「不」，就容易產生衝突，如果彼此願意妥協，便能相安無事，否則心裡就會有疙瘩，造成婚姻危機。性

事不和諧就是一個潛在的衝突，表面上婚姻生活照常運作，但是各自內心暗流浮動，直到一方有了外遇，衝突便正式引爆。

A妻在網路上交朋友，本來無可厚非，但她因身心不滿足，無法向外人道，卻認為網友是看不見的，讓她覺得有安全感，於是開始傾吐心事。而對方洞悉她身心寂寞，先是噓寒問暖，接著在網路上談性說愛，正中A妻下懷。這樣的交友動機並不單純，雙方都想上床，只因為怕年齡被拆穿而害怕見面，這就是所謂的精神外遇。

縱使認識快一年，A妻還是有所隱瞞，畢竟網友是陌生人，也不知他的情況是否完全真實以告。A妻對素未謀面的C君產生了戀愛／性愛的憧憬，不知不覺地將自己一步一步推往未知的深淵，其實是有很大的風險。

房事不溝通，小心外人趁虛而入

C君表明願意滿足A妻的需要，會跟一個未謀面的女性說如此親密露骨的話，到底是個人情慾還是出於友誼的關心？男女談戀愛，通常都需要熟悉彼此、互相信任，有了感情才會渴望身體接觸，而這兩個網友都只為了性需求，等於是和陌生人性交，會不會得到快感及身心滿足，很值得懷疑。就算有了肉體的歡愉，下一步又如何呢？A妻有可能成為C君的玩伴或炮友，或者過了一陣子他玩膩了，或A君想要分手，對方不肯，於是以揭發性關係來要脅，這時就不只是良心道德的問題了，自身安全及家庭幸福，更值得顧慮。

至於A夫是因為不再覺得A妻性感而失掉激情，還是自己有性功能障礙，或者另有情人，這些都得A妻自己去找答案，因為她才是每天與先生生活在一起的人。然而A妻就是因為不知道原因才會苦惱萬分，所以她得找性諮商師協談，述說性生活史，以及夫妻平日生活的互動狀態，以獲得引導如何去分辨丈夫不想跟她有性行為的原因。既然A妻是主訴求者，她一定得先走這一步，才能一步一步地往前走。

而B夫也是因為妻子沒有性趣而感到身心寂寞。老被拒絕是很挫折且沒面子的，乾脆死了這條心，於是向外發展，正巧對方也有同樣的困擾，導致彼此惺惺相惜，兩個乾涸的身體帶著兩顆寂寞的心，見了面就乾柴烈火，定期約會，身心暫時有了寄託。然而B夫心裡明白他是在玩火，愉悅滿足之餘還是有煩惱的，多年婚姻有恩情、親情，對妻子也是有感情，現在走在婚姻懸崖、人

生十字路口，顧慮還是很多的。

坦誠溝通，性福更幸福

根據美國性學研究，43％的女性或多或少都會經歷某種形式的性功能障礙。理想上來說，伴侶應該一起面對此種挑戰。

B妻的症狀是低性慾／無性慾，有可能是她本來就沒性趣，以前順著丈夫，後來進入中年，孩子也大了，她覺得無性生活比較自在。當然也有可能是因為B夫技術拙劣，做愛並不愉悅，又不好啟口，乾脆不做了，也就看破了。還有一種可能是B妻的更年期提早來臨，她顧著適應自己的身心，也就顧不了性生活了。正確的答案也得由B夫去探討。

B夫該怎麼做，的確是很困難的決定，尤其是深陷溫柔鄉之時。他必須盡快找婚姻諮商師談談，權衡輕重。倘若想要挽救婚姻，就得讓婚外情適可而止，然後邀約妻子一起去做婚姻諮商及性諮商，坦誠相對，自日常生活的互動做起，多關心對方，聊些共同話題，也要經常有身體的小接觸，提昇親近感。伴侶關係緊密了，就可以在性諮商師的引導下展開性溝通，說出彼此的感受及需求，重燃愛火，愛而深則性，就能恢復身心親密。

因此，夫妻性生活不和諧是有許多原因的，最重要的是不要責怪對方，而解決的前提是伴侶關係的緊密，只要兩人同心有共識，婚姻就有正向動力，性問題或其他婚姻危機的處理，就不會有抗拒，比較容易依照步驟進行，進而能化解。

11 溝通加行動，邁向美好性愛

房事，不該是禁忌，夫妻雙方要能夠把事情說開來，表達態度、展開溝通，付諸行動，才是處理之道。

案例一

A女：他完事了，我卻有半途而廢的感覺

男友心思細膩、體貼溫柔，對感情很敏感，只要有一點衝擊就幾乎崩潰，兩年來，我已經學會如何與他相處了。一年前我們進入親密關係，一直有很好的前戲，只是他做愛時，一開始會勃起，中途就軟掉，也就是進去不了多久，而且從來不射精。這樣是否太不正常了？我查閱了網路上性功能障礙的資料，直覺是他有問題。

如果對敏感的男友啟齒，必定會傷他的自尊。但他才二十四歲，來日方長。每次做愛，他覺得完事了，我卻有半途而廢的感覺。我不敢說性生活絕對重要，但至少要有進入身體的溫熱感覺。我很愛他，絕不會因此嫌棄或是將來結婚後離婚，但是彼此必定因為心存芥蒂而各懷鬼胎。請問我該怎麼辦？

案例二

B妻：想跟丈夫談性問題，卻怎麼也開不了口

結婚五年，育有一女，生活安定。

我知道穩定的感情關係來自於雙方的開誠布公及互相尊重，但是要跟丈夫談論性生活日漸減少（從新婚的每周兩次，降為每月才一兩次），卻怎麼也開不了口。想了一大堆，一句話也講不出來。平日我們就很少說情話，更不用說談性了。

他的工作壓力很大，每天很晚才下班。我也很想坐下來好好安慰他、鼓勵他，引發他的性慾，但每次快進入主題時，我的舌頭就會打結，看著他的疲憊

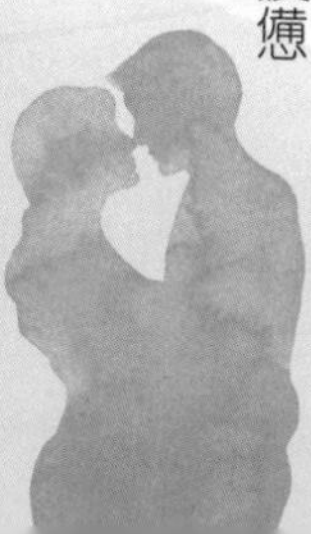

與茫然，只好讓他趕快休息。請問我是聽其自然耐心等待，或者要如何跟丈夫談？

你應該這樣做

難啟齒，就難改善

「案例一」中，A女的男友像個精緻易碎的瓷娃娃，很幸運他能遇上善解人意的A女，處處為他著想、替他擔心，任何會刺傷他自尊、損壞感情的話題她都篩檢過，很辛苦且小心翼翼地維護這段感情。想必此君有許多A女欣賞的優點，且應該對A女很好，她才會如此深愛著他。

只是，人生不是事事順遂，往往有許多困難或挫折，感情關係亦然，情侶必須真誠相對、互相扶持、設法處理，才能通過考驗，繼續發展茁壯。

勃起功能障礙，導致不射精是事實，A女不能因為害怕傷男友的自尊而假裝沒事，兩人中至少要有一人面對。A女心理上已經認定男友在性方面不正常，她對性愛的期盼及欲望也已經降低。當男友要求做愛時，A女雖然享受前戲，後半段卻只是配合或敷衍，無法享受，同時還得擔心男友的感受。儘管A女現在說會不離不棄，但長此以往，必定不滿足，造成身心負擔，進而影響感情關係，萬一日後結婚，則會演變成婚姻危機。

該君不可能不知道自己有勃起功能障礙，顯然是因為害怕承認而不想面對，企盼女友因為愛他而不計較。他或許也知道長期下來終究會成為兩人關係中的問題，但眼前就只能拖一天算一天。A女則是因為太害怕傷害男友，過分保護而不敢率先打破兩人之間的這道牆，心中充滿困惑和擔心。

因為愛他，才希望他生理健康正常，兩人能夠充分享受性愛。身為情人的A女要以關心的口吻告訴男友自己的擔心；實話實說，只要描述做愛經驗，說出感覺，不做診斷、不下判斷、不批評。

A女可以跟他說每個人都要做健康檢查，她願意陪他去看泌尿科醫師，也希望男友能陪同自己去看婦產科。引導男友面對事實，他的勃起不持久且不射精，造成性愛不夠完整，其實兩人都有所覺察，到底是器質性因素，還是社會心理因素，都得等醫師診斷後才能對症下藥。其實，只要瞭解成因、配合治

療，這些問題都能改善。同時也讓男友瞭解性愛是兩個人的事，唯有把事情談開來，努力克服障礙，才可能處理問題，感情才會更加親密。

暖心情比暖床還重要

而「案例二」也顯示，愛情往往如逆水行舟，不進則退，婚姻生活中既無情話也缺乏性愛，若聽其自然、繼續等待，會有很大的風險，不僅B妻會有挫折感，也可能造成誤解或關係逐漸惡化。因此，B妻能夠秉持尊重的原則開誠布公，是比較健康的做法。只是，她得知道自己的訴求是什麼，要對丈夫說哪些話，而不是一味地指責或抱怨沒有性生活，或者說一些不著邊際的安慰話。

有時候愈害怕談論就愈無法組織自己的思考，B妻得先澄清自己的性愛婚姻觀及主要訴求，再學習說話的技巧來與先生溝通。溝通可以學習，也需要練習，也可以先去找婚姻諮商師談談，不僅可以學到溝通技巧，還能獲得婚姻互動的分析與輔導。

夫妻雖然相愛、互相尊重，但常常會將兩人相處的一切視為理所當然，很少靜下心來分享生活瑣事及心中感覺，尤其床笫之間的親密感。而親密感的基礎來自身心，除了身體接觸的小動作之外，語言與情緒的表達也很重要，而且要察言觀色。

丈夫工作壓力大，回家疲倦，B妻不妨讓他小憩，等他醒來後切一盤水果共同享用，看幾分鐘電視新聞、聊聊天，也可以帶頭說些甜蜜關心的話語。不要急著問他為什麼好久不做愛，或者要求他立刻親熱，畢竟只有在身心完全放鬆的情況下，才能夠去想性事。

因此，B夫可能需要一段時間來調適夫妻親密關係。他白天有工作壓力、精神緊繃，回家也難以放鬆，必須依靠妻子提供一個完全舒適且無壓力的環境，引導他漸漸鬆懈。不管是坐在沙發或躺在床上聊天、擁抱，很自然地觸摸彼此的身體，才能慢慢引導他進入情慾世界。

不妨先試幾個星期，如果無效、沒反應，則可能還有其他原因導致他對性愛不再感興趣了，那又是另外的問題，可以找婚姻諮商師晤談。

光是溝通不夠，還要加上行動

華人一向是「愛你在心口難開」，認為「表白」及「性事」均是難以啟齒的事，前者是因為怕被拒絕，後者則是從未開口，根本不知道如何講；明明兩人已經有肉體親密行為了，任何想法、感覺及期待，就是無法化為言語向心愛的另一半溝通。再加上「性」一向被視為禁忌，是不能說且敏感的議題，所以更是不敢提，於是，在各懷鬼胎的情況下，性問題就一直存在著。

因此，唯有主訴求的一方引導另一方去面對問題，把事情說開來，表達態度、展開溝通，才是處理之道。不過，光用溝通來達成共識還是不夠，溝通要加上行動，才是落實的好方法，這也是現今性諮商／治療多半會採用認知行為治療的原因，比較看得見成效。

12 當性關係走在愛情的前面

沒有承諾的性關係，雖然享受了魚水之歡，卻往往也是患得患失的開始。

案例一

愛一個不愛我的人，還是被一個我不愛的人愛？

A男臺大畢業，非常聰明，我最欣賞他說話的層次和對時事關心的積極度。認識兩年來，我們經常一起出遊，我愈來愈喜歡他，只是他已有交往三年的女友B女。最近B女劈腿C男，經常約會。A男知情，可是並不打算分手，只會找我訴苦。我們看電視喝酒聊天，甚至發生關係。與他的親密關係愈來愈頻繁，不正表示B女與C男的交往也更深入嗎？我暗自高興。

然而A男卻要我別把時間及心力花在他身上，他很愛B女，會等她回頭。由於種種的不確定，我很沒安全感，一方面繼續享受與A男的性關係，一方面又想要跟一直寫信給我的F男交往，但他並不是我喜歡的類型。只是，被愛好像比愛人幸福吧？怎麼辦，我好煩哦！

案例二

我愛的是她，她愛的是誰？

我因為朋友的關係認識了M女，她是我欣賞的類型，讓我想展開追求。我們每天都在臉書上聊天，偶爾會一起出去走走。幾個月後，我們愈來愈曖昧，雖然碰面時像一般朋友，沒有太親密的互動，但在網路上卻開始出現曖昧的字眼。

幾個星期前我鼓起勇氣向她表白，問她是否也對我有同樣的感覺，她的回答竟然是「不知道」。

最近M女常來我的宿舍找我，待到很晚不走，說要吃泡麵，還要喝啤酒。

我被她撩撥得心慌意亂，衝動地摟她親她愛撫她，她不但沒抗拒，還很享受的樣子，於是我們發生了關係。我當然很開心，以為她接納我了，可是之後想想，她的一句「不知道」，還是讓我有點害怕。

我想要的是穩定發展的情侶關係，而不只是純炮友，深怕她還有別人。因為我對這份感情投入很深，很擔心自己以後受傷會爬不起來，也很害怕M女其實是個玩咖。我要怎麼辦才好？

你應該這樣做

激情過後，總是甜蜜又痛苦

年輕人彼此有好感，交往初期都會有一段不明確期，各自帶著情感及憧憬，小心翼翼地互動。一段時間後，雙方感覺不錯，都想繼續發展，有一方先表態，如果另一方也願意，就表示突破曖昧期，化暗為明，正式交往。然而感情的發展不一定順利，雙方的感覺也不見得對等，這時，待在曖昧期的時間就

會比較久。

上一個世代的男女談戀愛，大部分都是到了穩定期，「非君莫嫁、非女莫娶」的階段，才會進入肉體親密關係。這個世代則常是讓性關係走在愛情之前，只要雙方有好感、有熱戀感，就可以有肌膚之親。但是，如果不是有承諾的愛情關係，必有一方會患得患失，既享受魚水之歡，又擔心關係不確定，缺乏安全感，不信任對方。

「案例一」中，美美與A男互相欣賞，成為好友，平日有不少互動。A男因女友劈腿，心情不佳而向好友傾訴，美美自然是真心聆聽、好意勸慰。A男得到撫慰，身心仍感寂寞，而美美的界線又很模糊，讓他留宿就是一個風險行為，甚至是沉默的邀請。夜深獨處，女有情、男有欲，只要一方挑逗，必定一發不可收拾，自然發生關係。美美當然很開心，認為是感情更上一層樓，但對A男來說，卻可能只是互相慰藉、各取所需，兩人完全不同調。

「案例二」的大明與M女正常交往，情誼已經發展成情愫，表面上誰也不敢先說出來，只能在網路上一點一點地放電，讓彼此關係進入曖昧期。當大明鼓起勇氣表白，想要突破曖昧，卻因M女「不知道」的回答而陷入混沌不明的關係中。M女後來的種種舉動，甚至發生親密關係，都是一種表態。A男一方面很高興有肌膚之親，一方面卻還受困於M女的「不知道」，心理上仍然卡在曖昧期，深受不確定與未知所苦。

關係不確定，最是折磨人

當男女有了性關係，滿腦子想的都是男歡女愛的場景與感覺，往往無法看清楚自己所處的感情關係。A男不是沒感覺到美美喜歡他，就是擔心美美真的愛上他，所以直言不諱，自己會等女友回心轉意。美美跟喜歡的人做愛很歡愉，雖然知道是短暫的，也知道他並不是真心愛她，但她還是一方面相信他的話，一方面私心企盼他會放棄B女；一顆心七上八下，非常煩惱。

B女用情不專，不見得會回頭，當F男遍體鱗傷時，必然會來到美美身邊尋求慰藉，兩人關係也可能緊密一陣子，但除非A男能將B女自心中拔除，且真正愛上美美，否則美美也只是他的安慰與陪伴。這樣的關係是不平等的，就怕美美看得不遠、看得不清楚。

大明並不像美美，在有了性關係後便一頭栽入，他反而開始擔心自己碰到的是炮友或玩咖，性關係只是逢場作戲，與自己的原則及期望不符。大明當初就是太期待M女也能做同樣的表白，才會希望落空，還被「不知道」三個字打倒，而後肉體的歡愉與先前的失望，兩種極端情緒聯合起來折磨他，造成負面思惟，無法正面來感受及分析M女的行為和與他的互動。

M女可能基於矜持，對大明的表白以「不知道」來回應，但她仍願意繼續見面，並主動到大明宿舍，也未拒絕大明的愛撫與做愛，顯然對他是有情意的。她可能是羞於或不善於表達，乃以行動順應，這是大明沒察覺到的，其實兩人之間缺乏的是情感溝通。

愛、不愛，都有必要說清楚、想明白

美美因為有了性關係，深陷痛苦，想要突破現狀尋找出路，因為「被愛是幸福的」的迷思，於是想到追求她的F男。其實這是逃避行為，對F男很不公平，她自己也不會快樂。真正相愛的兩人是都願意為對方付出，而不是只要對方付出。倘若美美真的可以釐清與A男不清不楚的關係，願意給自己和F男一個機會，那她就得真心誠意對待F男，先以朋友的身分交往，再決定是否適合當男女朋友。

大明則必須與M女好好溝通，既然有了親密關係，還有什麼心裡話不能說呢？兩個人可正式聊關係議題，大明要鼓起勇氣坦承自己內心的感覺，以及她那句「不知道」所帶來的衝擊，並說出自己對於穩定關係的渴望，誠摯邀請她一起來發展並經營。同時，也請M女說出心裡的感覺、期望，甚至顧慮。如果M女是真的喜歡大明，必會被他的真誠感動而敞開心懷，與之交流。

感情本身很微妙，純感情關係往往會因為一些心理或社會因素而產生糾結，若有了性關係則更會糾纏不清，尤其當性關係發生在愛情關係之前。因此，以理性來化繁為簡，不被情慾矇蔽、理清頭緒，才能愛得真實穩健，發展出有建設性的關係。

13 親愛的，你為什麼不想要？

房事，就像柴米油鹽，是婚姻裡的日常，卻不可或缺。當房事不順，往往意味潛藏著某些問題，這需要夫妻兩人的覺知、溝通，並且齊心面對。

案例一

挑逗丈夫，卻換來：「妳急什麼？」

A夫妻相戀一年才結婚，身為基督徒，他們婚前的親熱僅止於上半身愛撫。A君適可而止，A女雖意猶未盡，卻也感佩A君恪守律條，認為足以託付終身。

新婚及蜜月旅行期間，兩人均因勞累疲倦而沒有任何親密行為，返家後，

A君總是以一堆理由早早就寢，A女試著挑逗丈夫，換來的回應是：「妳急什麼？」她也就不好意思再有所表示。就這樣過了三個月，A女再度挑逗，丈夫只是用手臂環抱著她，輕聲說：「我需要半年的時間準備，我們慢慢來！」

A女實在不明白，日常相處一切正常，感覺上兩人的感情也不錯，在教會裡也都接受了兄弟姐妹早生貴子的祝福，然而到了床上，卻連婚前上半身的愛撫也全沒了；兩人同床異夢，自己經常無眠到天亮。為了解開心中結心底苦，她只好向教會姐妹求助。

案例二

日子一天一天過去，先生仍舊沒動靜

B夫妻在上帝的見證下結婚。第一年房事還算正常，但B妻有幾次半開玩笑地在完事後說：「你真遜，好快！」或「比起我那個日本男朋友，你好像不太會接吻！」。於是，性生活由每月一兩次降為零，且整整三年了。B妻有時候還傻乎乎地問丈夫：「你到底是不是男人？你好久沒碰我了耶！」

B君諱莫如深，不說話也無身體反應。B妻覺得奇怪，以為先生可能是身體不舒服，於是耐心等待。只是，日子一天一天過去，先生仍無動靜。她也是有情慾之人，乃催促先生去看醫生，沒想到B君惱羞成怒，指責她：「妳才該去看醫生！」

懷著委屈與不解，B妻忍不住向牧師娘詢問，才知道原來自己說錯話，於是不斷向先生道歉，說自己不該批評他的性表現。足足道歉兩星期，先生卻置若罔聞。

B妻由羞愧漸生恨，要求離婚，但先生不肯，於是兩人僵著。B妻再度向牧師娘哭訴，但對方也是束手無策。

你應該這樣做

房事能帶來歡娛，也可能激起衝突

來到性治療診所的案主通常都是帶著性問題而來。無性夫妻的關係衝突，很多時候是一個要，另一個不要。

「案例二」中的B夫妻，很明顯就是嚴重的關係衝突。B妻的個性大剌剌，以為夫妻感情好，什麼玩笑都可以開，於是口無遮攔，連性事都隨口說出自己的感覺，毫不修飾。但聽在丈夫耳裡，卻是一把銳利的刀劃在心口上。B妻不自覺，未立刻止血，之後還不斷在傷口上灑鹽，因而徹底殺死了丈夫的性慾。

這對基督徒夫妻雖然有接受婚前輔導，但性事也只是十二大項目之一，大都是瞭解一些基本性知識及身體感覺，並未學習性心理、性反應及性溝通，於是婚後的實作，也是做一次算一次，沒有好好溝通。

也許B君真的不懂愛撫的技巧，單憑本能與太太行房，而B妻也完全不懂性事，單純順從丈夫，只是一年下來，並未感受到性的歡愉與激盪，於是在某次房事結束後，說出了比較級的評論，因此深深刺傷了先生的心。

性只是婚姻生活的一部分，B夫妻原本是相愛的，日常生活互動也沒有問題，偏偏B妻忍不住再去碰觸兩人之間的敏感議題，還要求丈夫去看醫生，導致B君忍不住指責，夫妻關係的對立終於浮上檯面，並到了互相怪罪的地步。

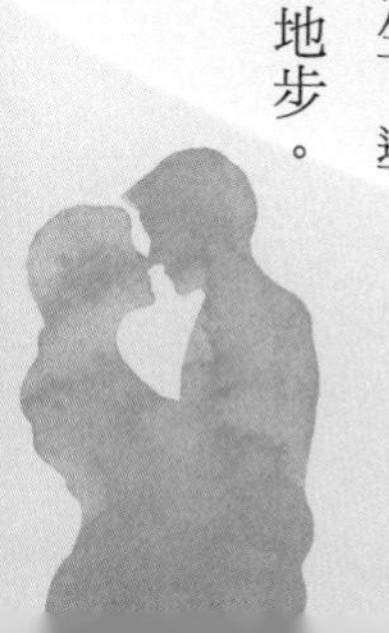

縱使丈夫為了顏面不肯離婚，但婚姻狀況的惡化，離婚已成了B妻的主要訴求。

雖說性事是兩個人之間的私事，但也是夫妻雙方的責任，需要雙方的自覺與承諾改善。老實說，B夫妻的房事根本是有問題的，無奈B妻的口無遮攔成為導火線，因此，B妻急需被引導，辨識自己的性認同，瞭解性之於夫妻的重要性。另外一個當務之急，則是學習說話的藝術及溝通技巧，從認知上和態度上來表達歉意，而不單只是在口頭上不斷道歉。若B妻的誠懇及覺悟能夠在日常互動中表現出來，B君的傷痛便有可能逐漸撫平。此時，兩人再相約去做教牧諮商，共同檢討婚姻關係，讓一切從頭來。

等教牧諮商結案後，還可以一起去做性諮商，認識彼此身體的奧妙、感官的刺激，學習性溝通、性表達，以達到性親密的效果。

這是一條很長的路，前面的部分尤其難走，B妻得要有足夠的勇氣及毅力單獨走一程，才能感化丈夫，和他攜手同心走完後面的部分。

面對難言之隱，更需要夫妻相互體諒、積極治療

至於「案例一」中的A夫妻，結婚近一年卻仍未行房，的確奇怪。A妻縱使從未有性交經驗，但也感覺到不對勁，何況婚前有過不錯的上半身愛撫經驗，她的情慾已經被開發了，難免對先生有所期待，甚至主動撩撥，只是換得的卻是先生防衛性的回應。

很明顯，A君可能有原發性勃起功能障礙，也就是陰莖無法正常勃起，他自己應該知道，只是不敢就醫。基本上，他是個有正常情慾的男人，與A女相戀而結婚，何嘗不希望能與妻子燕好，卻是力不從心。相信A男結婚後身心備受煎熬，他想和妻子親熱卻怕原形畢露，於是寧可忍受、壓抑，也不敢碰觸妻子，深怕看到自己的失敗與妻子的吃驚與失望。他把自己變成了鴕鳥，不願意面對現實，拖一天算一天。

此時A妻應該先鼓起勇氣尋求性諮商，即使她認為問題是在丈夫。只有透過性諮商，她才能知曉丈夫可能遇到什麼樣的困難，瞭解到他的反應是一種自我防禦，以及她可以怎樣幫助丈夫面對現實。

A妻首先要學的是溝通，先表達她對他的愛，以及她感受到他在日常生活中對她的愛。同時讓丈夫知道，為了讓這份愛更完整，兩人應該一起去醫院做

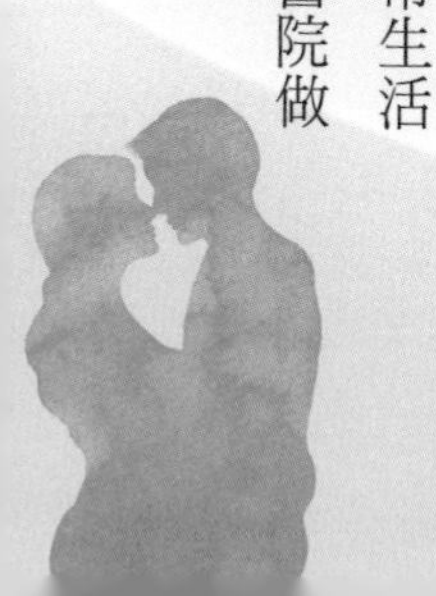

檢查，自己看婦產科，丈夫看泌尿科。

其實婚前輔導也都會建議未婚男女做婚前健康檢查，不管如何，現在去做也不遲，有任何問題，就讓醫生醫治處理。相信在給足丈夫面子及充滿熱情的帶領下，丈夫可能就會半推半就地跟著太太上醫院了。而不論檢查的結果是原發性或續發性勃起功能障礙，或者是長期社會心理因素所造成的結果，至少都有了治療的方向，且夫妻雙方也都瞭解性事是兩個人的事，可以說、可以談、可以問，更可以分享。

要知道，婚姻誓言中的同甘苦，也包括性事在內，對於夫妻雙方而言，都是一種浪漫的修行。

14 不爭對錯，但求坦誠

從諮商情境中學習到的良性互動可以將之應用於現實生活中，避免以後的衝突。

案例

玉萍和文遠相戀兩年，結婚兩年半，與未婚的大姑同住在公婆投資買的透天厝裡。文遠是台商，來往於廈門與桃園之間，玉萍原本是某大公司會計，懷了老大後辭職在家帶小孩。公婆住在附近，經常來探望孫子及女兒，再三囑咐玉萍要做飯給單身的大姑吃。

最近玉萍剛生完老二，在家坐月子，文遠請假一星期陪家人，聚少離多的夫妻因對家庭生活的期待有落差而起了衝突。玉萍向娘家哭訴，父母不忍女兒

受委曲，立刻驅車前去，將女兒及兩個孫子一起帶回，一住就是一個月。文遠在爸媽陪同下赴岳家兩次要接妻子回家，岳家不肯罷休，玉萍也哭著說要離婚，兩家戰火煙硝味甚重。

玉萍的積怨

1.你很少在家，一回家就看電視，不肯幫忙做家事。

2.生老大時沒有回來，生老二時總算回家了，但只是逗嬰兒玩，要求你學習餵奶瓶、換尿布、洗澡都不肯。

3.擠奶很慢、很煩，奶脹得難受又擠不出來，你不但不體諒，還敢向我求歡，真是太自私了。

4.上床不睡覺，半夜還在滑手機，且面帶笑容，原來是和一個女生在通Line，還有一張親密合照。

5.月嫂來六個禮拜要花十二萬，我要求改請印傭可用六個月，你媽居然諷刺我想當少奶奶，硬是不准。

6.一定要住在這個透天厝嗎？生活機能差，要走二十分鐘才到市集及便利店，我可是帶著小孩還拿購物推車，超辛苦的。

7.你不在家時，我還得煮二菜一湯給大姑吃，我是傭人嗎？

8.獨子就是長不大，什麼事都聽媽媽的，就不肯聽我的！

文遠的防衛

1.妳跟我結婚時就知道我的工作狀況，不當台商如何賺錢養孩子呢？

2.長年在外，一回家當然是要放鬆，看電視是最好的放鬆方法，家事本來就是女人該做的，妳又沒上班。

3.家裡有月嫂，她照顧嬰兒是專業，我笨手笨腳幹嘛要在她面前出洋相？

4.這個透天厝是爸媽買的，怎麼好意思說要搬出去住？生活機能不佳也是沒辦法的事。妳爸爸不是常帶菜帶肉買補給品來嗎？

5.我媽也是想說年輕人住在一起可以聊天可以互相照顧，而姊姊上班忙，下班就想回家休息，妳反正自己要吃飯，多煮一人份又會怎樣？

6.妳擠奶痛苦心情不好就遷怒於我，不肯跟我親熱？丈夫跟妻子調情天經地義，我被拒絕身心可是煎熬著！

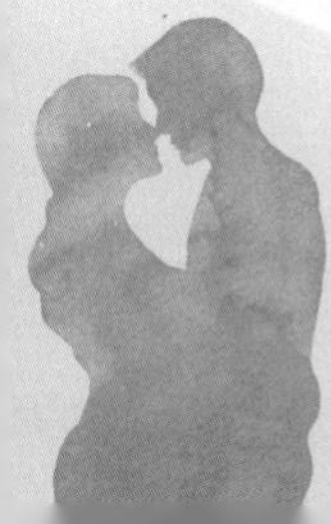

7.滑手機聊天又沒做什麼壞事，那個女孩是公司新來的總經理室助理，她剛好也回台灣，我們同機回來，又沒怎樣。

8.妳又不是不知道媽媽不喜歡外人住家裡，印傭通常都不可靠，她聽太多雇主外勞不合的實例了，而這個月嫂可是她千辛萬苦找來的！

姻親的敵意

岳家：

1.女兒在家時我們捧在手心，嫁到夫家後什麼事都要自己來，還要受氣，她們母子可以一輩子住在娘家，我們來照顧。

2.太太在坐月子，丈夫就要求親熱，同時還有精神外遇，我們支持女兒離婚！

婆家：

1.岳家老爺強行進入民宅，帶走我兩個金孫，還要讓他們長住娘家，破壞小夫妻的感情，是不是太過份了？

2.我們兩老領著女婿登門要帶媳婦回去，絲毫不留餘地，你們衛護女兒，我們可心疼死兒子了！

你應該這樣做

對婚姻有正向期待，防衛心就能卸下

這對夫妻的婚姻生活的確有許多問題，潛藏在表面的良性互動之下，卻在某一個時機引爆衝突。玉萍看見丈夫長時間在滑手機及與女性的親密合照，認定他是精神外遇（她也只敢這麼想，已經難以接受了），積壓已久的情緒在新仇舊恨中崩潰了。

剛開始時大家都很衝動，一家親突然變成兩家怨，上一代的加入，都是為袒護自己的孩子，自然是火上加油，讓兩個媽寶更持己見，指責對方的不是。玉萍雖然很氣丈夫，但她認為這原本是兩個人的互動問題，牽動太多人，心裡過意不去，乃要求父母親先停火，不要再介入，岳家不再有動作，婆家也就按兵不動了。

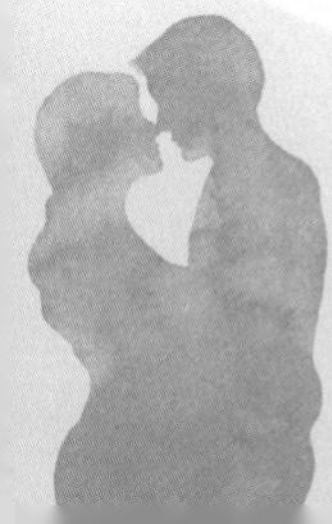

玉萍在娘家過了六個星期舒服的生活，靜下心來想了很多，看著兩歲半的哥哥及兩個半月的弟弟，心裡開始動搖了，想著是不是應該給孩子一個完整的家，也給自己和文遠一個機會。因此當文遠第五次來岳家探望母子時，她終於邀他坐下來談重整婚姻生活的議題，文遠表現出最大的誠意，願意一起去見婚姻諮商師。

當兩個人有共同的目標，對婚姻有正向期待時，防衛之心就能卸下，兩顆心也就又連結上了。文遠道歉，說他才是遷怒的那個人，當求歡被拒，他就故意上線與新來的女助理寫訊息聊天，至於那張看起來親密的照片，是在機場等班機時女助理自拍兩人合照後寄給他的。他發誓說，他就是再媽寶也不會做對不起妻子的事。

玉萍總算安心了，也解釋自己不是要逼他做家事照顧小孩，只是希望夫妻能一起做一些家中瑣事，才能同甘共苦，有分享的感覺。但是她很哀怨地說，大姑住在同一個屋簷下，為什麼不能輪流煮食？看到文遠面有難色，諮商師就要兩人先列出目前婚姻生活型態中，各自或雙方認為哪些是可改變的事情，哪些是不可改變或難以改變的事情。

發展雙方健全關係則可同心去改變不利的現狀

雙方公認文遠的事業暫時不能放開，畢竟奮鬥了十幾年，所以聚少離多是目前的選擇，而婆婆的觀念也很難動搖，玉萍必須以智取勝，或先順從再教育。他倆非常同意婚姻諮商師分享的理論——核心家庭的夫妻關係最重要，發展雙方健全關係則可以同心去改變不利的現狀。山不轉路轉，兩個人在諮商室及各自在家腦力激盪，並與諮商師討論可行性，終於有了以下共識：

1. 玉萍願意真心待大姑為自己的姊姊，既然是住在一起的家人，多少要為家庭盡一點力。如果大姑不喜歡煮飯，可以打掃家裡，或者下班回家的路上幫忙買些菜、肉、用品回來，可減輕玉萍長途跋涉的勞苦。文遠很感激妻子沒有趕姊姊回婆家住，欣然同意去跟父母及姊姊溝通。

2. 文遠也承認自己自小到大從未做過家事，承諾願意去學習，尤其照顧孩子這一部分，以便玉萍能安心做家事及煮飯。

3. 不管父母怎麼看，小夫妻決定每個月有一天將孩子交給公婆或岳父母帶，兩個人要單獨出去約會。

4. 為了要慶祝破鏡重圓，兩人一起去車行選購全新小車，以後玉萍帶著兩

個孩子上街購物或回婆家、娘家探望，可以更方便省時。

5.兩人很高興，在諮商師的引導及示範之下，學會了溝通，原來溝通不光是說話或聊天，而是聆聽彼此的心聲，交流想法，達成共識以處理問題，才能化解衝突。

6.三年後玉萍要回職場工作，所以從現在起就要打好祖孫關係，熱絡祖孫互動，以後才能將孩子託給爺爺奶奶照顧。

婚姻諮商於第六次結束，小夫妻約好日期，由文遠開著新車來岳家接玉萍母子三人回家住。岳父母亦詫異於小兩口態度的改變，全家人吃了一頓豐盛的晚餐，岳母感嘆地說：「原來你們內心深處都還愛著對方，當初玉萍哭著回娘家時，我們都擔心情緣已盡。這真是太好了，完全是你們兩個努力的結果！」

的確，夫妻對彼此的愛仍在，是婚姻諮商的動力，也是希望。氣話及誤解固然傷人，感性的溝通、真誠的表達是可以撫平傷口的，因此，從諮商情境中學習到的良性互動，可以將之應用於現實生活中，避免以後的衝突。

15 不做，不表示不愛

兩情相悅，自然會引發性慾，只是，當一方不配合的時候該怎麼辦？

案例一

自己想要就要，有顧及別人的感受嗎？

交往半年，我欣賞小美的活潑可愛善良。她喜歡大自然，也懂得欣賞藝術；說話中肯、不做作，跟她在一起很舒服。兩個月前我們有了親密關係，我是第一次，而她感覺上很熟練。

上星期她在我房間做功課。我是研究生，除了趕報告，還要準備期中考試，正是水深火熱，而她讀大四，只考一科，其他都是小組報告。突然，她走

到我背後，雙手摟住我的肩，親吻、撫摸我的臉。我知道她是在調情，可是我看書正看到重要部分，所以我告訴她，如果她覺得無聊，不妨戴耳機，上網聽音樂或看電影。

正當我專注於考試的資料時，美美輕聲呼喚我。抬頭一看，她居然赤裸裸地躺在床上，背對著我。我嚇了一跳，衝口而出：「我媽和奶奶都在家耶，改天吧！」她一言不發，抓起棉被，把自己裹起來。我想去抱她安撫她，又怕上了床把持不住。後來送她回家時，她說：「你不應該姓劉，應該姓柳，或者我應該叫你劉下惠！」我覺得對她很不好意思，只好猛親她、抱她。

期中考那一週我真是忙翻了，埋首書堆，也沒睡好。白天我們會一起吃飯，然後到圖書館看書。她卻一直吵著要到我家做功課，她知道我爸媽帶著奶奶去臺中參加婚禮，半夜才會到家。但我怕舊事重演，堅持在圖書館比較能專心。她撒嬌半天未果，怏怏然先回家了。

考試過後，我的心情鬆懈不少，趁家中沒人主動求歡，她居然罵我：「你是自私鬼，自己想要就要，有顧到別人的需求與感受嗎？」最後不歡而散。

我有幾個疑問：

1. 我是否太自私了，當女友有需求時，我是否該立刻滿足她？
2. 我沒性慾或有功課壓力時，該如何拒絕或是向她說明？

案例二

四十歲還是處女，我有錯嗎？

二十五歲那年，我的父母車禍雙亡，從此我扛起家計，負擔就讀高中的雙胞胎弟弟的學費和生活費。我一直身兼母職，直到兩個弟弟長大、各自結婚。我雖然擁有自己的公司，卻是青春蹉跎，四十歲仍單身，原本一個人也過得很好，但弟弟及同事好友都認為我應該找個伴，紛紛為我安排相親。

我對四十五歲，離過婚的A君比較有感覺，兩人開始約會。他外表粗獷、為人爽直有禮，也愛看電影聽音樂。交往四個月後，他吻了我，也上下其手，我感覺激情又舒服。

兩週前他邀我去他的住處吃燭光晚餐。喝了紅酒的我不勝酒力，躺在沙發

上，他過來親吻愛撫我，我很陶醉。接著，他幫我寬衣解帶，這時我清醒了，奮力掙扎。他起先以為我是欲迎還拒，後來發現我是真心抵抗，便有些惱怒，丟了一句：「拜託，幾歲了，又不是黃花大閨女！」

我就是黃花大閨女啊，但他並不知道。我什麼也沒說便自己回家了。過了幾天，他又約我出來，一臉若無其事，我心裡雖有疙瘩，還是跟他聊天、享用美食。飯後他邀我去他家過夜，我斷然拒絕，這次他真的生氣了：「真不知道妳在稀罕什麼，妳不給別人也會給！」我聽了很受傷也很難過。

我的問題是：

1. 我要如何跟他說我還是處女？說了會怎樣？

2. 我被喜歡的人傷害心裡很難過，他卻渾然不覺，還威脅我說要跟別人發生關係，這樣的男人還能交往嗎？

3. 我的交往是以結婚為前提，但他似乎是以性為首要，這是男女差別還是個人差異？

你應該這樣做

美好性愛，必須是雙方同時有欲望、有心情

「案例一」的秉文與女友感情好，女友似乎對做愛很感興趣，但秉文卻以課業為重，考試期間有壓力，沒性趣，又不願因受挑逗而草草行事，乃順著自己的心拒絕她。女友必然有受傷的感覺，所以當秉文求歡時，她積壓的情緒爆發了，她的怒氣加上秉文的懊惱，性趣自然就消失了。

小美的功課壓力不大，很眷戀親熱的感覺，明示暗示她有需求。當她被欲望驅使時，並沒有注意到男友的壓力和顧忌，其實是她的不體貼不諒解在先，被拒絕在後。兩人對性愛的看法不同，引起誤解，影響了感情關係。

而「案例二」中的永萍，沒談過戀愛，個性保守有處女情結，卻又擋不住A君的逐步愛撫，享受感官愉悅。一次又一次的親熱誤導了A君進而要求實際行動，直到兩次被拒絕，A君說了重話，雖然可能只是氣話，卻是夠傷人的，也讓永萍開始懷疑這份感情。

A君是男人，有明顯的生理需求，兩人交情未到婚嫁階段但情投意合，理應很自然地進入肉體關係。只是，他並未用心去觀察、瞭解、感受女友的過去、觀念及身體訊息，總覺得四十來歲的女人必然有過性經驗，居然還忸怩作態。他倆一個要、一個不肯，還未進入性愛實戰，感情關係就起了變化，這當然是男女有別，也是個人差異。

我拒絕的是這件事，而不是你這個人

所謂溝通就是針對某個議題，一方面誠懇地表達自己的看法，同時也認真聆聽對方的感受及意見。一般人對於性事，往往光做不談，或是不知如何說、從何說起，其實性溝通也是要學習的，不論是接吻、擁抱、插入或抽動，任何細節都可以分享，只要口氣輕柔、說話有技巧，兩個人的心會因為性溝通而連結得更緊密。

「拒絕」是一門藝術，要點在於拒絕的話語必須對事不對人，才能使對方接受，並將不快或失望降至最低。秉文很年輕，涉世未深，但他對小美說的話已經不錯了，只是聽在小美耳裡，是敷衍、拒絕。所以他應該坦承：「親愛的，我何嘗不想跟妳親熱，但是妳也看到我眼前功課一大堆。當男人有壓力的時候性慾會降低，也會影響激發。我們親熱一定要有品質，我要給妳最好的，所以等考完試、交出報告，我一定不會讓妳失望。」

永萍不識男女關係的微妙，斷然拒絕而惹毛了A君，她實在有必要請教諮商師，學習說「不」。她可以說：「交往這段時間我真的很快樂，也很享受親密接觸，但我的確還是黃花大閨女，以前一直沒有時間和心情談戀愛，直到遇見你。只是你因為我的拒絕而對我說重話，我感到不被尊重，相當難過。我不是不想跟你有進一步的性愛，是我自己的保守觀念在作祟。我尊重你的欲求，只是我需要時間。希望我們能再交往一陣子，等我心理上完全準備好了再說。」

秉文與永萍跟伴侶的性溝通，是對事不是對人，不怪罪對方，單純描述事實，也陳述自己的想法。既然要溝通，就要說得多些、仔細些；要有具體的內容，表達安撫之意，以及對此事的建議，才能讓對方聽得進去。

16 我們的性愛消失在無言裡

任何愛情都如逆水行舟，不進則退，尤其是有了性問題，如果按兵不動、順其自然，極可能產生誤解及怨恨，使得關係惡化。

案例一

美英：我是守活寡呢，還是另外交男友？

也不知道從什麼時候開始，他就不讓我碰他了。結婚十年大部分都是他主動，他完事就結束了，我有時會有高潮，有時則是落空。有一段時間，他父親過世，我姐姐得了癌症，各自都忙，沒心情也沒時間去想性愛，沒想到，從此之後就不再有肌膚之親。這情形，轉眼已三年半了。

白天生活一切正常，各自上班，下班後回到家我忙著做晚飯、料理家務。如果沒有加班或應酬，他會打掃家裡並督促孩子的功課，週末則會去公婆家或是和朋友聚餐。夜裡上了床，就算聊天也都是瑣事，他不再讓我靠近，我有需求時他大概也會假裝不知道吧！但他怎麼會沒有需求呢？他是男人耶！

我曾問自己千百次，是守活寡呢，還是另外交男友？我也看了許多婚姻感情性愛的書，最後決定忠於婚姻，但我真的好希望他能對我甜言蜜語、溫柔多情，就算沒有性交也沒關係。請問，我這樣做會不會太委曲自己？

案例二

秋菊：我該耐心等待，還是找他談？

結婚十年，育有二女，因為是雙薪家庭，我倆都非常忙碌。我先生是做研究的，有時半夜還在工作，甚至乾脆睡在研究室，早上才回家洗澡、換衣服。

想起新婚時我們經常做愛，我的個性很保守，什麼都不懂，一切由他帶領，光是肌膚碰觸就令我銷魂，他進入我的身體讓我覺得好親密，有沒有高潮

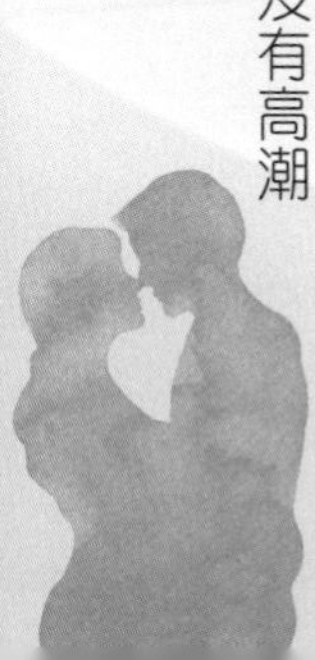

都無所謂。

我相信穩定的關係是由男女雙方的開誠布公與互相尊重而來，但是要和丈夫談論性生活日益減少（這兩年不到十次），我卻是怎麼也開不了口。每次看他狼吞虎嚥吃飯，就知道他的工作壓力極大，很想安慰他鼓勵他，並且引發他的性慾，但每次想進入主題，舌頭就自動打結，於是隨便講講，也不知道他有沒有聽進去。

請問我是順其自然、耐心等待，還是找他談？問題是我不知道該怎麼談？

你應該這樣做

明明之前還好好的，怎麼突然就熄火了？

兩封來信都是妻子的真實告白，都是異曲同工的深閨怨。

現代女性的性意識抬頭，由於先前的性經驗還不錯，不論品質如何，至少有過甜蜜滋味，何況不見得要性交，彼此摟抱親熱就是一種愉悅與親密。這兩位女性坦承自己的性需求，不外乎是期盼擁有不同程度的肌膚之親。只是，她們雖然有性意識，卻缺乏完整的性認同。

美英由丈夫主導，秋菊更是保守無知，任隨先生帶領。所以，她們以為身體接觸及身體交合就是愛的釋放及接收，並未認真檢視自己的真正需求。於是，當先生長時間不再有動作，便感到有所欠缺，且一直期待著。偏偏這種事情不好開口（事實上她們也從來沒有開過口），明明想說想問，卻只能憋在心裡，累積到快要爆炸了，只好訴諸文字、求助專家。

這樣的無性婚姻當然不是「持之無味，棄之可惜」，因為日常生活仍然運作良好，不過，很明顯地，夫妻關係少了一味，也多了一個禁忌。美英由欠缺轉為煎熬，胡思亂想一陣子，也認真權衡婚姻與個人感受的輕重，最後化為忍受，決定留在婚姻中，但她還是企盼有溫存有親熱，卻不知從何下手去整治那表面平順，私底下卻已是波濤洶湧的夫妻關係。

秋菊也是賢妻良母型，在性生活方面亦由欠缺轉為煎熬，進而化成無奈，但她並未放棄希望，總想抓住機會問丈夫到底怎麼回事，不過，卻老被自己打敗；她很想打破表面的平靜，把事情攤開來說，但就是不知如何開口。

隱忍不說、被動等待，並不會讓死火山活過來

所謂「性認同」，是指個體對自己的性之認識、承認並接納，亦即「我是一個有性之人，我承認也接納自己的性需求；我有權利享受性愉悅；我會學習性表達、性溝通及性親密」。兩位妻子都有性需求，也能享受性，只是處於被動，當丈夫不再主動，就連配合的機會也被剝奪，因此光有性渴望，並非完整的性認同。

仔細讀兩封來信，可以發現兩位女性的性需求並不限於性交，她們渴望的是性的親密。最常見的性迷思就是「性等於性交」。事實上，性是指伴侶間所有的親熱動作，適可而止已是愉悅享受，進入性交則是激盪的快感，所以，性交只是性的一部分而已。美英的主訴求是丈夫能對她甜言蜜語、溫柔多情，而秋菊的短程目標則是擁抱丈夫性感的身軀，這樣的性需求一點都不過分，卻在關係中未被實現，可見她們的婚姻的確有問題。

任何愛情都如逆水行舟，不進則退，尤其是有了性問題，如果按兵不動、順其自然，極可能產生誤解及怨恨，使得關係惡化。因此，跟隨自己的心，向丈夫開誠布公地懇談，會是比較健康的做法。

研究顯示，伴侶關係佳，性關係亦佳。因此，先從日常生活中的親密互動開始，摸摸臉、碰碰身體，或一個摟抱，都是性表達，或者讚美對方的身體部位、衣著打扮，尤其言語間正向情緒的表達更重要，這就是性認同的實踐。表達愈多，對方愈能感受到彼此的關切，心也就自然靠近。

先有性認同，才能自我對話，進而彼此溝通

秋菊的丈夫工作壓力大，不妨先讓他小憩，醒來後切點水果兩人共享，再看一會兒電視、聊聊天。她可以說些甜蜜及關心的話，但不要急著問丈夫為什麼好久不做愛，或是要求親熱。只有在身心完全放鬆下他才能想性事，因此，給丈夫一段時間調適，他白天承受壓力、精神緊繃，回家後必須靠妻子提供一個完全舒適沒有壓力的環境，引導他漸漸放鬆心情。兩人可以先躺在床上擁抱或聊天，讓他沒有做愛的威脅感，讓身體跟著放鬆，一段時間後，當他覺得自在，秋菊再進行挑逗，引他自然進入情慾世界。

對於從來不談性的人來說，性溝通是需要學習的，兩位妻子得先明白自己的訴求是什麼、要對丈夫說哪些話，而不是在心中一味地指責或抱怨沒有性生

活，或者盡說些不著邊際的安慰話語。其實愈害怕談這個議題，就愈無法組織自己的思考。因此，不妨先去做性諮商，澄清自己的性愛婚姻觀和主要訴求，透過減敏感訓練和溝通、演練，學習與先生溝通的技巧。

光是等待必然是痛苦且無效的，妻子在性關係的努力通常是注入愛心，然而不見得能達到百分之百的效果，所以性諮商最好可以與伴侶一起去。不過，妻子在諮商過程中還是可以獲得許多的自我瞭解和成長，或許把在諮商中所學到的知識先試幾個星期，如果無效，則表示伴侶可能還有其他原因造成對性愛不感興趣，那就必須做更進一步的婚姻諮商了。

17 性迷思讓良緣走味

當夫妻任一方有性迷思，便可能成為關係惡質化的引線。

案例一

英美的初夜抗拒

結婚四個多月，我們還未行房，不是我不愛他，而是我怕痛。從小到大我的疼痛忍受度很低，連看到別人跌倒破皮流血，都會心懼而感到疼痛。好幾次看到媒體或影片中提到初夜會很痛，讓我對初夜產生莫名的恐懼。

柏麟忠厚老實，對我很好也很尊重，我不忍心拒絕他，於是編了一個謊言，說婚禮前陪閨密去打德國麻疹疫苗，自己也順便打了一針，事後才知道打完後六個月內不能懷孕，所以暫時不能行房。他是老實人，也就真的相信了，

每每忍著親熱後的煎熬，跑去浴室自慰。我雖然鬆了一口氣，但內心卻愧疚不已。

我也是有情慾的，婚前婚後都想要他的愛撫，也不斷告訴自己，柏麟一定會很柔情對待，我應該忍住疼痛讓他進去。但愈是這麼想就愈覺得不舒服，只能不斷提醒他，六個月還未到。

只是，眼看著六個月就要到期，我真的不知道該怎麼辦，也真的不想因為自己的問題而殃及親密關係！

案例二

史維的陰道情結

年輕時遭女友背叛，療傷兩年後試著再交往幾位女友，卻都覺得不合適，因而一直單身，直到五十歲時遇到珍珍。她小我五歲，是畫廊經理，我們談話有交集、生活有分享，因此，交往半年後就結婚了。

我們平日的相處還不錯，只是有一件事我是真的愈來愈在意，就是她的陰道實在太鬆了，做愛愈來愈沒刺激感。我忍不住懷疑她以前是否和很多男人在一起？還是她結過婚卻沒讓我知道？或是，她會不會已經生過小孩？……

我開始有點後悔結婚。晚上在一起，一想到她那寬鬆的陰道、情慾高漲的淫蕩表情，我的勃起就頓時消失，雖然她總會使出渾身解數挑逗我，我也每次都屈服，但卻需要較長時間的刺激才能夠勃起。而每次完事之後，心情更加沉重。我開始擔心自己是否娶對人，同時也質疑婚姻的必要性。

你應該這樣做

明明是相愛的兩人，卻無法身心交融

以上兩對夫妻的性問題迥然不同，然而仔細留意，卻是異中有同：1.兩位案主都有奇怪的想法與擔心；2.兩位案主都有性方面的認知干擾；3.夫妻之間從未談過性。這三個共同點就是問題所在，也是性治療的重點及方向。

對性有錯誤的觀念就叫性迷思。「初夜會痛」對某些人是事實，但「初夜

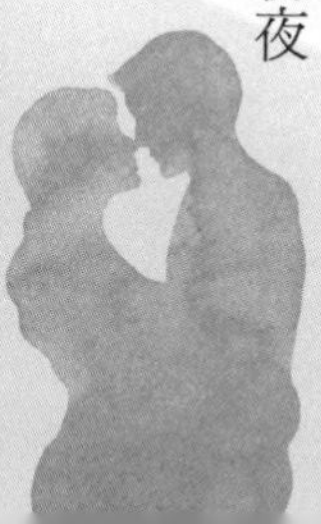

會很痛」則是性迷思，「疼痛的忍受度低，所以初夜一定會很痛」則是非理性思考。英美自小被這些錯誤的訊息洗腦，談戀愛後與男友開始有親熱動作時，她沉浸在觸碰的激盪，不會將根深柢固的想法說出來，所以男友並不知道她的迷思與擔憂。婚後她又以打疫苗為藉口躲避性交，丈夫由於性知識缺乏和對她的愛，於是忍受箭在弦上的煎熬，以自慰來紓解，卻沒想到，只要做好避孕，打疫苗後還是可以行房。

另外，「陰道太鬆可能是有過太多男人」、「情慾高漲有淫蕩之嫌」等性迷思逐漸在史維的腦海中浮現，其實根源於史維缺乏性知識、缺乏自信，這當然也跟他年輕時遭女友背叛有關，造成他對女性不信任、對關係缺乏安全感。直到遇見珍珍，被她漂亮、活潑、好氣質所吸引，讓他一頭栽進婚姻裡。只是，享受婚姻的甜蜜及性愛歡樂之餘，他卻突然將注意力集中在妻子的陰道上，導致性生活從天堂跌到了地獄。

都是「胡思亂想」惹的禍

英美絕對是有情慾、愛丈夫的正常女性，只因為沒接受過性教育，平常也不太往這方面多想，直到婚後，面臨丈夫的求歡，很自動地將「很痛」與「性交」連結，因此產生害怕及抗拒心理。可憐的丈夫不明究裡，以為妻子只是很理性地擔心生下畸形兒，所以在情欲當前時努力煞車。其實英美是被負面思考所干擾和控制，她太專注於可能的疼痛，雖然也渴望身體的愉悅，卻無法享受。

史維也一樣，原本很享受妻子的熱情，當性愛成了習慣，卻突然感到珍珍的陰道很鬆，而開始胡思亂想，於是，正面的性事變成了負面的困擾。珍珍因為愛他、渴望親熱，乃多方挑逗，卻讓他聯想到她曾有其他男人，於是，因生理需求及挑逗而產生的勃起就此消失。

史維不是不想做愛，而是脫離了現實，對於珍珍過去性史的猜測讓他抹煞了所有情慾。當他可以好好享受妻子的觸摸及親吻，暫時放下負面思考，便可以完成性愛、享受歡愉。只是，完事後，他的腦筋又開始胡思亂想。

男女雙方有愛而性，因戀愛而結婚，照理說日常生活應該是互動緊密、身心親密。所謂的「身心親密」，就是互動中有對話、對話中有互動。尤其性愛是夫妻關係中重要的一環，性生活怎麼可以沒有對話呢？

英美無法告知丈夫她的性交恐懼，這是可以理解的，由於平常兩人就沒有溝通性事，當然不知曉彼此的性觀念、性知識與性態度，她又該如何表達自己的性困難呢？何況她丈夫也是保守的人，只知道痴痴等待，所以，問題還是存在。

至於史維與珍珍，雖然兩人相識以後應著重於建立良好的感情基礎，以共度人生，但也需要互相瞭解個性和過去。就因為缺乏對彼此過往的瞭解，導致他們在性愛上只有激情，沒有分享、溝通，也才會讓史維因為珍珍的陰道鬆弛，而產生懷疑與不安全感，甚至質疑婚姻的價值。

坦誠相對，才能化解所有難題

以下幾點是和諧的性愛生活必須具備的，除此之外，也要雙方坦誠相對，用心溝通，才能將所有的難題一一化解。

1. 破除性迷思：初夜會痛是因為緊閉的陰道首次被插入所致，但即使是初次，渴望的心情、長時間愛撫讓陰道分泌量增多，就能減低行房時的疼痛，甚至不一定就會痛；疼痛忍受度低與初夜疼痛不能畫上等號；而陰道鬆弛的原因很多，有人天生就是陰道較寬鬆，有人是因為生過孩子所致，但絕對不會是因為跟太多男人性交所造成的；女性對自己所愛之人情慾高漲是愛的表達，不該有淫蕩之說。

2.去除認知干擾：有了正確的性觀念，就不會困於性迷思，夫妻／伴侶倆才能夠專注於身體各部分的感受。

3.促進性溝通：性表達，包括對性事的觀念、態度、感受、經驗及期待等，不論是對話或動作，都是溝通的一種具體形式。性溝通可以促進彼此對身體及性愛的瞭解和掌握，提升親密感，並且同心協力處理性問題。

4.心理／性諮商：怕疼痛、編藉口、沒有安全感、性愛價值觀偏差……，都需要去做個人心理諮商，以促進心理健康和人格成熟。夫妻倆可以一起做性諮商，學習欣賞對方，進而享受性愛。

18 釐清性愛觀，性福不卡關

伴侶的感情好，不見得性關係就沒問題；不過，性關係不佳，感情關係必然會有問題。

案例一

難分難捨的情感

我與A君交往快三年，因遠距離戀愛，兩人不常見面，但每晚電話聯絡，且不定時有性行為。他就讀體育相關學系，身強體壯、精力充沛，且課業壓力不大；而我就讀明星大學，加上自己求好心切，所以課業壓力大。

每次見面，第一件事就是纏綿一兩個小時，我雖然有高潮，卻有點受不了他的頻繁索求。時間、課業，以及來自他的壓力，讓我逐漸缺乏熱情。

他和朋友們的關係很好，常常一起夜唱、烤肉、釣蝦，不過，他朋友圈的性關係混亂，經常上網找一夜情，其中有兩位還有炮友。我非常不喜歡這些行為，也很擔心，希望他減少與這些人來往，起先男友答應了，卻還是常和他們出遊。後來我受不了便提分手。不過，畢竟是三年的感情，且我們還是互相喜歡，他一回臺北，還是繼續纏著我。我該怎麼辦？

案例二

他竟然想要找一夜情

我與男友B君相戀三年，有親密關係也兩年了，因他有室友而我獨居，所以通常是他來我住處找我。以前做愛都是很自然發生，但最近他會上網看色情圖片，興奮起來時就求歡。其實他很會撩撥我的情慾、很會做愛，讓我很舒服很滿足。我一直以為我們的性生活不錯，但最近他卻常說，想要上網找個一夜情。我心驚恐懼卻無言以對，又怕他以為我是默許。

我不知道他到底怎麼了，是厭倦我了嗎？是我做愛太笨拙，不能滿足他？

或者他性慾太強？我很心慌，又不敢表達，所以做愛時愈來愈無法享受，有時候無法高潮，我只能叫很大聲，假裝享受高潮。我更擔心的是，一旦他找了女網友，覺得我做愛技巧不如她時，他是不是就會離我而去？

你應該這樣做

問題並非只是「他想要，我不想要」

兩個情投意合的人通常因為互有好感而發展感情關係，陷入熱戀後再進入肉體親密。只是，伴侶的感情好，不見得性關係就沒問題；不過，性關係不佳，感情關係必然會有問題。

就「案例一」琪琪的煩惱來看，她和男友有良好的感情基礎，能夠維持遠距感情。大學時期的四年是個體最能吸收、成長的四年，琪琪和男友生活在不同的環境中各自成長，求學方式不同及個性差異逐漸顯現，加上聚少離多、彼此的朋友圈沒交集，不論見面約會或兩地相思，已經逐漸有鴻溝及隱憂出現。

體力旺盛的男友一見面當然就想做愛，而琪琪可能想要與他從事一些感性或悠閒的活動，卻不忍拂逆他的要求。只是A君性慾強，琪琪招架不住，甚至無法享受，加上有課業壓力，於是愈來愈沒有性趣。

A君高漲的性慾是天生體質和心理亢奮所致，但他不能只顧自己的需求，不去察覺或感受琪琪的需求與心理狀況。當然，他倆最大的問題在於從未做過性溝通。

這對情侶太年輕了，可能不知道如何做性溝通，擺在眼前的問題就是：「他很想要，而我不是很想要」。透過去做性／伴侶諮商，諮商師會引導他們看到愛與性的串連，同時，琪琪可以說出自己的心理壓力、性需求及性感受，讓A君瞭解她要的是什麼樣的愛與性。兩個人深入討論、互相瞭解、商議配合，先連結心理上的性，才能繼續身體的性。

另外，A君需要朋友，在一起久了難免被影響，但他如果是個有原則的人，且真心愛女友，就可以克制、避免同流合汙。遠距戀情貴在雙方都有一顆執著的心，能夠阻隔外在的干擾。琪琪因為不快樂且擔心受傷害而提出分手，對男友也是一種試煉，他若答應，則遠距戀愛終了，否則兩人還是可以給彼此

機會，多溝通交流，化解歧見，接受個性特質的差異，加強信任，嘗試繼續交往下去。

用熱情澆熄性幻想的未爆彈

至於「案例二」的紋君，三年戀情穩固，她也很享受男友的愛撫。只是男友顯然對性很感興趣，還上網「做功課」，相信他的愛撫技巧是從A片學來的。情侶的性愛往往是由愛而性，並不需要外來的刺激，但因為B君有很多性迷思、喜歡性刺激，所以才會有找女網友發展一夜情的性幻想。

紋君壓根兒沒想到男友會想要和別的女人發生性關係。如果男友是偶爾說一下，不足以擔心，但他說了好幾次，表示他已有過多的性幻想，甚至躍躍欲試。紋君對此感到驚嚇害怕且無安全感，擔心自己缺乏性吸引力又沒有性技巧，害怕女網友會將男友搶走，以致產生認知干擾及操作焦慮，無法像以往那般享受性愛，而且還怕男友發覺，所以每次都假裝高潮，讓做愛像演戲，不僅自己覺得痛苦又虛偽，也覺得愧對男友。

紋君就是太愛B君了，深怕會失去他，所以不敢採取任何行動，卻又害怕那一天終會來臨。事實上，她必須勇敢捍衛女友的地位及兩性平等。她可以反問男友，她是否也可以上網找一夜性，既然對彼此坦白，就不算是欺騙或出軌，再看看他的反應如何。

通常男生聽了會很生氣，這時，紋君即可理直氣壯地回應，「不管是誰做這件事，都要為自己的行為負擔後果。」她得讓男友知道她不會阻止他去找一夜情，只是，性幻想歸性幻想，做了就不是性幻想，而是傷害伴侶的行為。

愈早釐清性愛觀，愈有助兩人的感情堅固

紋君與男友雖然有身體親密，卻缺乏性溝通，可能是因為一直以來光做不談，所以男友的性幻想有如隨時可能引爆的炸彈。紋君可以主動與男友談談做愛時的身體及心理感覺，可以對男友直說他的撩撥很激盪，兩人身體接合很刺激，同時也說說彼此在性方面的需求及期待，甚至對彼此的幻想。

紋君個性比較保守，一味順著男友，現在起不妨試著放鬆心情、解放身體，享受男友的觸摸，以言語或聲音來表達愉悅與愛意，男友必會驚喜於女伴的開放與享受，而眼前的性刺激絕對比性幻想更令他興奮；也就是說，讓男友

專注在紋君身上，以眷戀彼此的身體、享受交合的實際歡愉，來打敗色情圖片的假性刺激。

性的問題千百種，有些人不認為是困擾，但對有些人卻是大問題。很多年輕伴侶都是從對性的一知半解即進入親密行為，起初因為身體觸摸及性愛動作的刺激，非常享受感官刺激，等到戀情與性生活都穩定之後，性心理便原形畢露，亦即性愛感情觀的正確與否，會影響性困擾或性問題的產生。因此，當出現問題時，情侶們不要害怕去找諮商心理師或性諮商師，因為性諮商是包括在婚前諮商的範疇內，愈早釐清兩人的性愛觀，愈有助兩人的感情堅固。

19 情趣是良方，也是毒藥

墮入愛河時，怎麼親密都沒關係，就是沒必要因追求「情趣」而拍照錄影，一切美好，用身體感受、記在心裡就夠了。

案例

熱戀時的裸照、錄影帶令我很不安

我是芸芸，個性內向膽小，很欣賞B男的男子氣概，所以當他追求我時，我很快就陷入溫柔鄉，享受他的陪伴與保護，且有了親密關係。只是，後來逐漸感受到他的大男人，他常嫌我醜、不會打扮，常要求我做不想做的事，像是逼我從家裡偷溜出來約會、不讓我早點回家等。他也會要求我自拍裸照，甚至是私處照傳給他，理由是他可以在家看我的照片想我。他還會在做愛時錄影，

我起先不願意，他強調這是情趣，也是興奮劑，情侶之間最需要情趣。我最終還是被說服了。

有一次我忍不住問，如果分手，他會把照片刪掉嗎？他生氣地回答：「所以妳是期待我們分手？」我驚覺說錯話，不敢再提。但是，一年後我還是無法忍受他的蠻橫專斷，我們爭吵不斷，感情也慢慢磨光了，最後我們在通訊軟體上協議和平分手，雖然他後來要求復合，但我以低姿態祝福他可以找到比我好、比我漂亮十倍的女朋友，他才慢慢淡忘，之後就沒有再來找我。但是裸照、錄影帶之事令我很不安，卻也想，說不定B男已經忘記此事，自己再提起不就是提醒他嗎？又擔心B男會因為我拒絕復合而將照片外流。我現在變得害怕受傷而不想再談戀愛，怎麼辦？

你應該這樣做

情趣的界線應該是雙方都接受、都喜歡

兩個互相喜歡的人剛開始戀愛，每一個互動都是新鮮、愉快的。等到感情穩定，雖然激情還在，但大部分的活動已固定，如下班約吃飯、週末出去玩等，就必須想一點花招來維持彼此感情的新鮮度，例如：買演唱會的票給女友一個驚喜；男友生日時親自下廚準備燭光晚餐等。這些強化感情的動作或活動，是心意也是情趣。

愛侶之間的情趣，是感情的表達、激情的漣漪，也是愛意的分享。情趣可分為生活情趣與性愛情趣。年輕愛侶沒住在一起且較有活力，約會時總是想著去哪些好玩的地方、嘗試新奇的事物；婚姻中的夫妻則因住在一起，加上又有孩子，時間及活動受到限制，生活作息容易陷入例行公事，有心的一方或雙方，就會想花樣來取悅伴侶，例如在伴侶生日或結婚週年慶時，設計各種慶祝方式，一方用心表現，另一方滿心歡喜地接受，情趣於是瀰漫在兩人的心中。

生活情趣不一定要花大錢。巧克力和鮮花美酒固然可以增加情趣，然而情趣由心生，例如：女友畫張圖表達對男友的思念，並夾在還給男友的小說中；丈夫早上下廚做早餐，把蛋煎成心形；星期日下午夫妻喝手沖咖啡，坐在陽臺涼椅上看夕陽等。有心或用心的小動作就是情趣，能緊緊連結兩顆心。

至於性愛情趣則是親密關係的表徵。在有愛情、有激情、有承諾的關係中，愛侶經常透過性互動來感受樂趣、享受情趣，像是洗鴛鴦浴便是常見的活動，不只是泡在熱水裡互相抹肥皂擦背，甚至愛撫接吻。

曾有一對夫妻甚好此道，丈夫很喜歡在浴室或浴缸內欣賞妻子的裸體，並且自告奮勇替妻子刮腋毛、去腿毛，妻子也很享受丈夫的服務。這就是情趣！

有一個丈夫很喜歡看妻子裸體穿高跟鞋在臥室裡走台步，妻子便很有自信、很樂意地配合，兩人共同的「癖好」激發起性慾，而這個「不可告人」的情趣甚至維持了二十多年活潑的性生活。

還有一位畫家，經常要求新婚妻子在半夜起床，讓她穿上性感撩人的薄紗，促使他興奮和產生作畫靈感。對此，妻子不認為這是情趣，以致性慾全無，加上睡眠被干擾，且不願被當成刺激性慾的工具，進而嫌惡丈夫的怪異性趣，沒多久兩人就離婚了。

情趣的要義是愛侶雙方都認同，因為瞭解對方而投其所好，或者雙方都有興趣，行之才有情趣之效。

再怎麼親密都好，只要不留下「證據」

有些年輕愛侶的性情趣之一就是在網路上一起看清涼影片，或是男友替女友拍裸照，甚至將做愛過程錄影。做這些事當下可能異常興奮，有偷窺及被偷窺的刺激感，即便女生有些遲疑，不過，通常很快就會因為被男友的強力說服而順從，也跟著有刺激感。殊不知，自己的裸照或性愛影片落在他人（男友）手中，日後都是不定時炸彈。所以，這種性愛情趣對很多女生而言，從一開始就不是情趣，大都是為了愛而勉強為之。

芸芸因仰慕B男而接受他的追求，起先是甜美的，但有了親密關係後，男友就開始指使她做一些他意欲之事，雖是芸芸不情願，但為了愛，她也就照辦。

在親密互動的過程中，芸芸不是沒有歡愉，畢竟投入性愛本身就是一種歡愉，只是這種愉悅是短暫的，做完愛下了床，他們的互動還是「專橫vs柔順」。尤其B君的大男人主義，只顧自己的感受，不尊重女友，時間一久，導致兩人的關係極度不平衡，被壓制的一方必因受不了而反抗，乃致口角叢生、怒氣滿心，感情無法繼續。好在雙方都有同感，最後和平分手。雖然B男沒有

因要求復合被婉拒而暴怒，而是選擇放手，但從兩人開始吵架起，芸芸沒有一天不擔心私密照及影片仍在B男手中，分手後更是忐忑不安，形成巨大的心理壓力。

芸芸一方面害怕B男將照片外洩，但也不敢與他談論此事，更不太敢再交男友，怕萬一對方知道此事，後果不堪設想，所以有如驚弓之鳥，不敢再談論感情。週遭的人都以為她因失戀而沮喪頹廢，她也不敢向任何人揭露心中之苦。

芸芸就是因為太害怕而不敢採取任何行動，也無法冷靜思考。B男雖很沙文，且有點物化女性，但他也愛面子，當初拍裸照是為了情趣為了刺激，但不致於太下三濫，以裸照來威脅或報復。芸芸在社群軟體上提出分手是不想再與他糾纏，卻錯失當面刪除相片的良機，事後想到才掛意又擔心。B男並非性變態，當他交了下一個女友時必會再做同樣的事情，而怕新任女友發現，他應該會刪掉那些相片才是。

芸芸也可以找權威人士或親近且能信任的師長一起去找B男，請他當面刪除照片及影片檔，然而以芸芸的個性這樣做似乎不太可能，不過，她可以去做心理諮商，以袪除心中的陰影，重做心理建設，建立信心，並記取教訓，當下次再墜入愛河時，雙方怎麼親密都沒關係，就是沒必要因追求「情趣」而拍照錄影。一切美好，用身體感受、記在心裡就夠了。

20 愛的吶喊，適可而止

做愛時的愛意和愉悅，本可以透過話語和呻吟來表達，只是，親熱本應在私密的空間進行，音量也應僅止於房間內。

案例

之一：難以承受的「騷擾」

期中考完的週末，兒子仁安自北部學校返家，我便煮牛肉、燉雞湯給他大補一番。星期一早上他要搭車回臺北時，突然囁嚅地說：「媽，我想下學期搬離宿舍，另外租房子。」他眼朝著前方，不敢看我。

「你是和隔壁的同學處不好，還是宿舍太吵？暑假好不容易找到這個交通便利的地點，才住兩個半月就住不下去了？」我聽了大吃一驚。

「呃，是蠻吵的，同學們都晚睡，聲音蠻大的！」他低頭看著地面。

「你不會去敲門，拜託他們午夜之後要安靜嗎？大家的公德心有時候也需要被提醒。」

「媽，妳不知道，不是這樣啦！」兒子急著辯解。

「不然到底是怎樣？找房子不容易，搬家也麻煩啊！」我想問清楚。

「就是我運氣不好，碰上不好的鄰居嘛！」

「奇怪了，都是學生，他們能怎麼不好？」

「他們太大聲了！」兒子急了，但我還是沒聽懂。

「媽，我真的得搬離那裡！因為每一兩天就有女生夜宿我隔壁同學那裡，兩個人大呼小叫的，我都快被逼瘋了！」情急之下，他終於鼓起勇氣說了出來。

聽他這樣說我真的有如五雷轟頂，原來是這麼回事！男女學生做愛已經很不得了了，還在半夜大呼小叫，真是世風日下。唉，我可憐的兒子，夜夜魔音穿腦，怪不得他堅持要搬家！

我立刻答應仁安，下週末一定北上陪他找住處，就算押金被沒收也沒關係。只是我的內心衝擊太大，久久不能自已。

之二：那段不關房門的日子

我先生的父親早逝，婆婆自三十三歲起就守寡，辛苦地將我先生和他妹妹撫養長大。妹妹早婚，所以我們結婚後就和婆婆住在一起，我們睡在丈夫原本住的房間，只是將單人床換成雙人床，再新添一個衣櫃而已。

婆婆很慈愛也很會做菜，只是一向話不多，先生對她也很孝順，大家相處融洽。只是有一件事我一直覺得怪怪的，就是自新婚開始，晚上睡覺時先生堅持不關房門。他說，母親自年輕就守寡，沒有性生活，必定很苦、很壓抑，且很無奈，我們如果關房門，母親必會想像我們在做愛。他不想刺激她，以免引得她傷心。

一直以來我們都是開著房門睡覺，通常等到午夜確定母親已經熟睡，才小心翼翼、安安靜靜地親熱，壓抑著聲帶及身體蠕動的聲音，偷偷享受交合的愉悅。然而，我懷孕了，婆婆當然知道我們有做愛，但我先生睡覺時還是不關門，直到嬰兒的哭聲太擾人，怕吵到婆婆睡覺，才開始關房門。

做愛時不出聲已成習慣，關不關門已經沒關係。我知道做愛是可以叫床的，也聽同事說過這叫做呻吟聲。即便後來婆婆過世，先生依舊一聲不出，我也不知道要如何呻吟，但兩人還是享受著無聲勝有聲的房事。

如今，年輕人離家在外，居然肆無忌憚地大聲表達快感，這樣做難道就比較享受嗎？現代的學生都是這樣的嗎？至少我們家仁安不會吧？哇，這是我人生最大的衝擊！我錯過了什麼？我的先生會不會跟我一樣也有失落感？

你應該這樣做

做愛是私事，擾人就是公眾的事

案例的兩段故事其實是在講一件事：做愛的無聲與有聲。

由於家裡從未談論過性，對仁安來說，做愛是一件很模糊的事情，他似懂非懂，卻在租屋處被迫聆聽穿牆而入的浪蕩叫床聲。血氣方剛的年輕人不需要親眼看見，光聽聲音就夠撩人惱人了。前夜沒睡好必會影響隔天的上課狀況，

仁安非常苦惱，很想搬離租處，卻不知如何向父母開口，因為他不想讓父母知道他被此事干擾。

仁安的欲言又止，與媽媽的質問毫無交集，想搬離的意願強過他對性的靦腆，最後只好直說是隔壁男女交歡聲音太吵鬧。他原本想要避免母子各自的尷尬，結果說出來後反而覺得輕鬆又能達到目的，只是，媽媽卻因此掉入情緒的漩渦。

言語和聲音皆是表達情緒的方式，做愛時的愛意和愉悅本可以透過話語和呻吟來表達，然而大多數愛侶們都是只做不說，也就是光有動作缺乏言語，頂多靠聲音輔助，而這種聲音是發自於身體接觸時的自然感受，只是，親熱本應在私密的空間進行，不管是放音樂或是叫床，音量都應僅止於房間內。

仁安的隔壁同學有女友留宿，雙方忘情歡樂的確是在私密空間裡進行，但他們沒想到房舍的隔音設備很差，加上夜深人靜，不但擾人清夢，也攪亂人心。他們應該被告知、被提醒，這樣做並不是要他們壓抑，而是要他們將音量降低，或是選擇其他的時間或地點，多替左鄰右舍著想。

從心整頓，擁抱正確的性知識和性觀念

仁安的爸爸是好兒子、好丈夫，事母至孝，但不關房門睡覺則是有點過頭。他對性事有焦慮感、罪惡感，在這樣的投射心理下，擔心母親會因為他與妻子有性生活而勾起舊日的回憶及失落。其實大可不必，每個人都有自己的人生經歷，兒子的性生活與母親的性生活是兩回事；他只把她看成女人，卻忘記她是自己母親的角色。

母親必然欣見兒子結婚，也會想要早日抱孫子，理應不會想窺探兒子的房事狀況。這樣的愚孝，很可能曾經令母親困惑：為何兒子娶妻之後卻不關房門睡覺？當然她不會主動提及，只是他並不知道此舉其實也傷害了夫妻的親密關係，減損了性生活的品質。

仁安的媽媽在新婚時也覺得不關房門睡覺有些不對勁，但因為深愛丈夫，於是跟著愚孝，在黑暗中靜默地享受魚水之歡。隨著歲月及閱歷的累積，她自同事之間的談話和書報雜誌的文章、電影，逐漸瞭解行房是可以發出聲音的，但習慣成自然，即使感到做愛有種失落感，但也很難「呻吟」了。

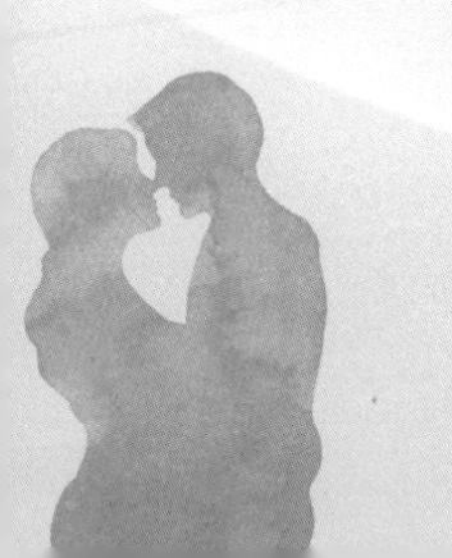

後來婆婆離世，但家裡還是有孩子。直到從仁安嘴裡聽到男女同學如此大膽、開放地翻雲覆雨，她先是對此批判，而後卻暗自佩服年輕人的開禁及解放。看著年輕一代如此享受，自己則是活到快五十歲卻從不知叫床是什麼滋味，因此，她決心去找性諮商師，以瞭解要如何與先生溝通，重新整頓性生活。

至於仁安，本來應該由父母針對此事施行親子性教育，讓他說說對性的認識，以及魔音穿腦對他的衝擊。多說多談，可以瞭解他對性的迷思及情慾的見解，協助他建立正確的性愛感情觀。只是，很顯然地，父母無此膽識和能力，不過，媽媽理應顧及仁安的情緒衝擊，最好鼓勵他去找學校的心理諮商師談談，以促進性心理健康。

21 說好了的愛呢？

一旦覺得感情不對勁、性生活不熱絡，就得提出來討論協商，或者去找婚姻／性諮商師談談。

案例一

瑣事干擾，性愛變負擔

一民三十六歲，長相俊秀，離婚後交了幾個女友都是二十幾歲，但後來都因為各種不同因素而分手。最近他認識了艾玲，艾玲談吐不俗、思考敏捷，兩人很快就走在一起，也有了親密關係。

二十九歲的艾玲很想結婚，媽媽也希望她在三十歲以前出嫁，但因為媽媽觀念非常保守，堅持男方必須有房子、車子，兩人才能結婚。

一民離婚後為了工作方便，在公司附近租了一間小套房，出入以摩托車代步。和艾玲熱戀後，一星期有五天，兩人一下班就到一民的租屋處煮飯、纏綿做愛，夜深後再由一民送她回家。

比起前妻的冷感，艾玲像一團火，讓一民覺得幸福極了，而艾玲也很享受一民的溫柔體貼、愛撫撩撥。由於兩人都不喜歡在做愛時使用保險套，一民於是要求艾玲吃避孕藥。問題是艾玲常常忘記吃，一民因擔憂而開始嘮叨，每天LINE上的第一句話就是：「吃糖果了沒？」艾玲看久了嫌煩，忍不住回了訊息：「就算懷上了，大不了先斬後奏，先奏你、再奏我老媽！」

從此，一民行房時老是想著：「萬一懷孕就得結婚，可是我錢還沒存夠啊！」、「不知道她今天有沒有吃藥，會不會怕我罵她就騙我說吃了？」逐漸地，他出現早發性射精或者根本不射精的現象，所以，還沒等到艾玲高潮他就撤了，或者艾玲已經高潮，一民卻不肯停，造成她因為陰道過度摩擦而疼痛、不舒服。

多次未能享受到美好性愛的艾玲產生了挫折感，認為一民是因為她沒吃避孕藥而故意整她。此時媽媽的忠言開始在她的腦海中跳動：「沒房沒車，生活有保障嗎？」、「他可是離過婚的，孩子雖然跟前妻，父子還是有往來，以後你們的孩子也只能分到一半的財產！」……

於是，艾玲重新評估和一民交往的利弊，兩人的關係又拖拖拉拉持續了四個月，終於分手。一民痛苦萬分，失落地去找婚姻諮商師。

案例二

為什麼不能享受正常的性愛？

文文與前男友關係穩定，親熱愛撫之餘，他總是想再進一步。文文卻死守最後防線，說必須等到結婚才可以。當時兩人都年輕，壓根兒沒想到結婚，前男友認為她食古不化，就先劈腿後與她提分手。

文文療傷三年後，和同學的弟弟丁丁看對眼，墜入愛河，也進入身體接觸。文文很享受丁丁的愛撫，但是當丁丁想順勢而入時，她就以同樣的理由拒絕他。丁丁表示尊重，答應會等到結婚。文文因此非常放心，兩人的親熱尺度更大了，也在半年後步上紅毯。

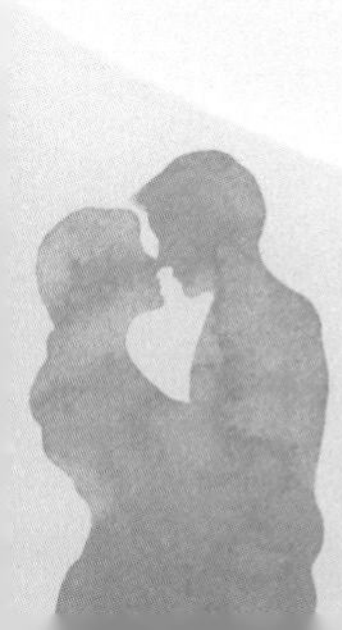

洞房花燭夜時文文怕痛，丁丁答應會溫柔小心，但才碰到洞口，文文就哇哇叫痛，陰道口也是緊閉乾澀，不像平日愛撫時的濕潤。丁丁有些不悅，最後讓文文用替代方式解決他的生理需求。後來幾次也都是同樣的情形，丁丁很不高興，認為文文不守信用，他也無法理解，怎麼會有人這麼怕痛？

丁丁後來乾脆放棄陰道交，只是，儘管替代方式一樣可以有高潮、射精，但丁丁就是覺得遺憾，也愈來愈沒勁，哀嘆自己為什麼不能享受正常的性愛？

表面上小倆口感情不錯，但臥房內卻是暗潮洶湧，再加上婆婆一直催促他們生小孩，婚後八個月，丁丁終於向母親說出實情。丁丁的母親大怒，立刻逼兒子離婚，對文文的態度也大大轉變。

丁丁一再懇求文文完成陰道交，一切就都會過去。文文卻氣憤丈夫和婆婆竟然以生小孩為手段逼她離婚，她失望極了，接受離婚。離婚後卻也擔心這個問題會危害自己終生，乃鼓起勇氣去找性諮商師。

你應該這樣做

錯誤的認知，讓做愛變成折磨和擔憂

婚姻研究顯示，伴侶感情好，性關係亦佳。這是正相關，但不是絕對。不過，性生活不和，感情關係絕對不會緊密。伴侶熱戀時心有所屬，進而享受身體結合，只是，為何美好的性生活會在一段時間之後變成性生活不和諧？因為生活中有許多大小事，一點一點地影響著兩個人的互動，就算床頭吵床尾和，但是當負面情緒愈積愈多，終究還是會影響性趣。

一民還不想結婚，只想享受戀愛的滋味，所以很怕艾玲意外懷孕，於是每天耳提面命，卻激起艾玲的不悅和反彈，而說了重話。明明這兩人都渴望對方的身體、很享受親密接觸，只是親熱之際，一民腦中會突然浮現艾玲在LINE上的回話，於是心生害怕，就算身體不停在動，卻無法專注於享受感官的愉悅，一不小心就提早射精，或者沒了射精的衝動。

他當然知道艾玲沒有獲得滿足，也害怕看到她失望的表情，幾次下來，艾玲也不再主動求歡。看到她沒熱情沒渴望的表情，一民也就沒了「性致」，兩人終至以分手收場。

一民的性問題是基於認知干擾，他懼怕女友懷孕而產生焦慮、不安，導致做愛時分心；艾玲則因為一民的性表現而產生誤解，認為他是在計較、懲罰她。一旦兩人不同心，水乳不再交融，性愛的火焰也就會逐漸熄滅。

當雙方感覺不對時，就應該儘早一同去找性諮商師，溝通彼此對於感情關係的展望，一方面去除一民的認知干擾與負面情緒，同時也讓艾玲瞭解一民前後性功能差別的原委。才能解開誤解，重新點燃欲火，享受性愛。

迴避問題不處理，成為壓倒婚姻的稻草

文文明知自己對性交有莫名的害怕，卻從未求助，而是抱著鴕鳥心態，一邊享受愛撫，一邊拖延發展性愛的時程。丁丁因為愛文文，有期限地順從文文，卻也從未想過可以去找婦產科醫師或性諮商師談談。

結婚是夫妻共同生活的開始，對丁丁來說，性生活無法突破是對婚姻的重大打擊，自己忍受缺憾，形成壓力，而母親急著抱孫子也帶給他極大的壓力。他疼愛妻子，百般配合，但最後還是抵不過自己的欲求和母親的曉以大義，終於狠下心提離婚。

聽起來文文是有陰道痙攣症，因為害怕性愛，使得陰道會不自主地痙攣緊

閉。成因很多，她必須去給婦產科醫師診斷，並且與性諮商師長期晤談，才能對症下藥，也絕對可以醫治。

年輕夫妻對性不甚瞭解，起先會選擇替代方式，婚後則會從自己的立場設想，當兩人不再同心、開始斤斤計較，替代方式也就愈來愈起不了作用。文文離婚後發現了這個問題，才會想要去找性諮商師克服這個困擾。

性的問題千百種，夫妻／伴侶感情再好，對於不知不覺產生的性問題會很難溝通，也很難瞭解這些性問題會如何影響著性生活，因此，一旦覺得感情不對勁、性生活不熱絡，就得提出來討論，或者去找婚姻／性諮商師懇談，未雨綢繆，化解小事，才能避開更大的危機！

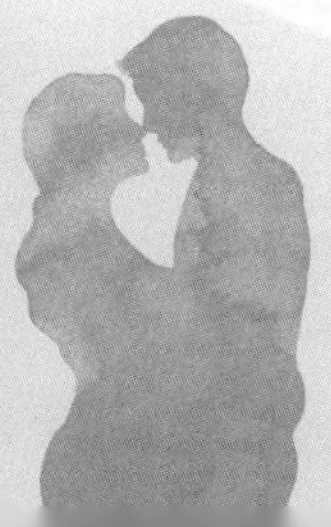

22 變調的性愛

一旦感情變質了，性愛關係也會跟著變調。

案例一

他還跟前妻藕斷絲連

祝玲長得秀麗豐滿，聰明且溫柔，工作場所追求者不少，她也試著考慮或交往過，但這些對象不是不夠成熟，就是年紀太小。三十歲那年，她決定上網找對象，強調要成熟有學問，果然某機構一位四十九歲的研究員吸引了她的注意力，因好奇而約出來見面。

李君相貌平平，不是女生會多看一眼的那型，但談吐有料，看起來知書達禮且個性穩重，很會說話，祝玲有小鳥依人的感覺，著迷於他在歐洲的經歷及目前的專業，三次約會後，即使李君長相不英俊，她還是決定與之交往。

從來未與男性有身體接觸的祝玲，一邊傾聽李君的人生故事，一邊被他的手在身上遊走的動作撩撥起奇怪的感覺，幾次約會之後，他若有似無的情意已經點燃祝玲埋藏在身體內的火花了。

後來她就乖乖跟著李君進了飯店房間，像著了魔似的，自動放鬆全身，聽著他的指令，一邊配合動作，一邊享受奇妙的感覺。他真的很會挑逗很會哄，祝玲只覺得全身在燃燒，身體不由自主地轉動扭捲，然後就是前衝後接，初夜的高潮舒爽無比，也因為她的陰道太濕潤了，過程中竟一點痛楚都沒有。

從來不知道做愛是這種感覺，真的是太愉悅了。從此祝玲就像嗎啡上癮一樣，每週必和李君在飯店翻雲覆雨兩次，她對李君的依附越來越深，但這是她的感情秘密。父母若知悉她和大二十歲的老男人談戀愛。又在飯店幽會，一定會很傷心很生氣的，她自己也覺得羞愧，以前看到社會新聞，男女上賓館「休息」，她都很不屑，覺得這樣做很低級，難到自己是個浪女淫娃？

問題是李君做愛時勇猛激情，但平時就像大哥照顧小妹妹一樣，上餐館吃飯聊天，不談感情發展，祝玲好希望她能帶領她面對他的親友，公布戀情。幾次談話下來，她才瞭解李君為什麼不帶她回住處，原來是她前妻偶爾會來糾纏，他母親很希望他們能破鏡重圓，而他很孝順，所以跟前妻還藕斷絲連。

祝玲哭著在路上走了三個小時，不接電話，也不敢回家，最後來到諮商中心，見諮商師的第一句話是：「怎麼辦？我已經離不開他了！」

案例二

愛或不愛都徬徨

依紅從大三就和研究生沈林相戀，他日夜都埋首在實驗室，回住處總是很累，兩人的性生活只有前半年是既活潑又激盪，慢慢地他提不起勁，說是疲倦，面對依紅的抱怨及要求，他總是說「質重於量」，依紅也只能享受一個月兩次「質」的性愛。

依紅畢業後進入職場，沈林拿到碩士學位後被教授舉薦赴美國讀博士學位，兩人不想有承諾或牽絆，理性和平地分手了。

依紅很不習慣沒有人陪伴，正好在星巴克喝咖啡時認識了同坐大桌的王杰，看他電腦螢幕的圖表就知道他是個高知識份子，她就喜歡會讀書的男人，乃展開談話，互留電話。王杰長得娃娃臉很秀氣，但身材高大，有股傲氣。兩個人約會了幾次就有了親密接觸，兩人的性愛對依紅而言簡直是天堂，因為她從未享受過這般的震撼，從下到上、從裡到外都銷魂愉悅。

怎麼有人如此會做愛？依紅覺得跟沈林的三年都白過了，無數個週末都在王杰住處忘情地做愛，感受全身的顫慄與解放。平日裡兩人各忙各的事，但王杰需要知道依紅下了班後都在做些什麼，跟哪些人在一起？起初依紅覺得受男友關心、在乎，很高興，漸漸地，向男友報告行蹤成為依紅的心理負擔，因為若不立刻回他簡訊，他就會生氣。

有一次，同學生日約好在夜店慶祝，依紅邀請男友同去，王杰因為有事，她就自己去。整晚王杰發了十通簡訊，依紅忙著吃喝玩樂，只回了五通，回家的路上接到王杰臭罵她的電話，她心有不甘，跑去他家興師問罪，沒想到王杰一見到她，一個巴掌打到她臉上，且推她趕她回家。

她一路哭到家，傷心自己看錯人，但那些纏綿悱惻，綺妮經歷難道是假的嗎？怎麼捨得離開他呢？兩天後，王杰若無其事地打電話來，說不生氣了，約晚上見面。依紅不知道該怎麼辦，打人是事實，先前他也對她發過很多次脾氣，但床上的親密才是真實的感覺，依紅在徬徨之餘進到了諮商中心。

你應該這樣做

妳愛上的是「做愛」，還是身邊這個男人？

人都有優缺點，談戀愛時都先看到自己欣賞對方的特質，也就是自己認為的優點，兩個女孩都在男友身上看到優點才與之交往，然後很快就放入感情，接著發展親密關係。裸裎相對之後，人的本性就容易流露，很多缺點就會一一出現，何況自己也不是完美，有些缺點可以接受或忍受，但有些缺點則是傷害或虐待，也就是說，美好的肉體關係的背後有很多陰影存在。

男女剛交往時都是呈現最好的一面，如果正好是自己喜歡或期盼的言談互動，就會持續交往，那是好感的發酵與喜歡的上升，在還未奠定真愛的基礎之前，就因互相渴望而上床，做愛也是可以激盪而歡愉的。對兩人來說，都是新鮮、刺激、探索的纏綿合體，忘情地付出，盡情地享受。單純又渴望愛情的女孩就認定自己真的在戀愛了，她們不知道自己愛上的是「做愛」，而不是身邊的這個男人。當感覺到關係不對勁時，卻離不開這個男人了。

「案例一」的祝玲已近三十歲，感情方面卻像是一張白紙，對性愛也是一無所知。認識了符合自己開出條件的李君，著迷於他豐富的閱歷與成熟的魅力，自然就沒有戒心，而此君甚懂女性心理，不疾不徐地步步進攻，祝玲在信賴、被保護及好奇的心情圍繞下，感受男友溫柔的觸摸與撩撥的刺激，就一步一步陷進去了。情慾被充分挑動，感受被一一喚醒，她初次嘗到兩體交合的奇妙感覺，驚喜於李君能帶給她無限的感官舒暢，也就更依附他了。

兩人的關係既然都到這一步了，祝玲認為是愛，有了愛當然就得開花結果，卻沒料到男友不想再婚，也不能再婚。她覺得希望落空前途黯淡，好像自己是第三者，怪不得兩人總是私下見面，李君從未將她介紹給家人或朋友，也不願意去見她的朋友。這完全不是自己當初預期的戀愛關係啊！但是一旦離開他，就什麼都沒有了，性愛的美好也就隨他而去了。

性生活的美好是伴侶雙方同心投入的結果

諮商師指出，性愛不是戀愛的全部，更不是生活的重點，且並不是只有李君才能帶給她性愛愉悅。性生活的美好是伴侶雙方同心投入的結果，李君經驗豐富，但祝玲用心感受，身體的配合也是功不可沒。最重要的是，兩個人相愛，因付出而得到滿足。祝玲認定兩人是真心相愛，才會儘情地享受性愛，但後來看到男友本身缺乏發展戀情的誠意及家庭關係的糾葛，兩人的關係已經摻雜了外在的不利因素，祝玲即使因貪戀而再與男友發生肉體關係，但感覺已經跟以前不一樣了，心理絕對會影響到生理的感覺。

「案例二」的依紅，她的第一段戀情始於學生時代，兩人純情相伴，愛情重於性愛，縱使依紅的性慾高於男友，兩人仍相安無事，直到分手後與王杰展開新戀情，兩人認識沒多久就進入肉體關係，自然是新鮮又刺激，渴望且豪放，盡力狂歡。然而在日常互動中，男友經常流露出控制欲，只顧自己的喜惡，除了言語譏諷謾罵外，還有肢體暴力，長此以往，再美好的天堂活動也難以補償地獄互動所受的傷害。

理智上，依紅知道她必須離開王杰，儘管他的條件很好，但有控制慾、佔有慾與暴力行為的人畢竟心理不健康，也是顆不定時炸彈，只是一想到多少個夜晚的擁抱與呻吟，她就好想再躺在他身邊。她的諮商師指出，人害怕面對痛苦，傾向於淡化不愉快之事，專注於回憶開心之事，也就是讓已經逝去、虛無不實的情感淹沒、沖散現實中的理智，其實是自欺欺人的心態。

雖然床笫的美好是真實發生過的，但王杰的個性與暴力也是真實存在的，即便依紅再回到王杰身邊，兩人關係也只能時好時壞，苟延殘喘，即使能再維持一段時間，最後還是會分手的，甚至不知會釀成什麼悲劇。

這兩位男士並不是情聖或做愛高手，但他們懂得解放女友的身體，開發她們的情慾，讓她們自認為是在「愛」的基礎上，將自己全心投入，發揮性愛潛能，充分享受歡樂。她們初嚐性愛的大甜頭，沉溺其中，以為離開男友就再無性愛彩色。其實這兩位女孩本身有情慾、又懂得享受性愛，有愛人及被愛的能力，更有性愛的慾望與能力，將來若交往到真正互相合適且相愛的男友，必能在雙方真實的互動中，重新探索身體的奧妙和性愛的美妙，擁抱美好的親密關係。所以，一旦感情變質了，性愛關係也會跟著變調，如果不先把感情問題處理好，性愛關係只會成為負擔。

23 以真誠重建信任

如果雙方對彼此都還有心，有意重回婚姻，則婚姻中的各項議題都要提出來討論。

案例一

該維持三角關係，還是一刀兩斷？

當初我倆因各自的情傷而惺惺相惜，進而產生情愫。我欣賞他的細膩體貼，話不多，但用情深。在有了親密關係後，我就認定他是我今生的伴侶，覺得自己好幸福，戀情被同學看好，被父母祝福。

打從好友欲言又止的透露曾看到守義與一女生進入電影院，我就開始擔心。找機會偷看他的手機，果然發現一封曖昧簡訊忘記刪去。原來他倆已經到了難捨難分的地步，怪不得他經常說要加班，但奇怪的是，他還是和我維持一星期一次的性關係。原來他可以同時與兩個女生談戀愛、有性愛啊！

從那天起，我每晚都無法入睡。一閉上眼就看到守義壓在一個面貌不清但肉體鮮明的女人身上，我看到他對她的柔情蜜意與每一個動作，也彷彿看到她身體的蠕動及輕微的呻吟。恐懼與怒氣在我身體中流竄，眼淚也漱漱而出。就這樣連續八個晚上都看到他們做愛的場景，那女生享受高潮的模樣及守義滿足地躺在她身邊。

我不動聲色，守義若無其事地和我吃晚飯，到我宿舍溫存要親熱，我實在無法跟他做愛，乃藉口月事來，暫時躲過。我不知道要如何當面質問他，他如此的欺騙我，原來的真情到哪兒去了？我是要維持這段三角關係（說不定他只是和那個女生玩玩而已），還是與守義一刀兩斷？噢，我好苦啊！

案例二

如果不愛了，婚姻還要存在嗎？

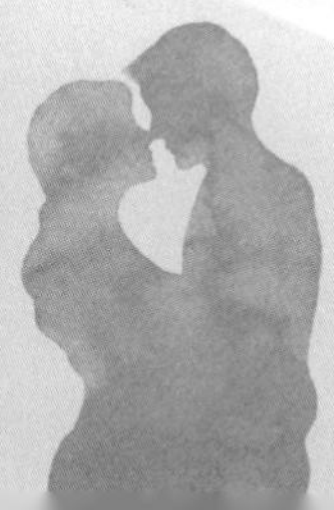

我們在美國相識進而結婚，回台灣上班後與我父母同住，原本相安無事，但從妹妹自英國留學回來住進家中後，與我老婆貞貞八字不合，姑嫂漸有嫌隙，而我媽最疼我妹妹了，總覺得是嫂嫂容不下小姑住在家裡。儘管我費盡唇舌解釋，我媽還是對她不滿，竟然說我胳膊往外彎，而夫妻之間也有齟齬，性生活降至每一兩週才一次。

後來，我跟貞貞好不容易買了房子搬出來住，家庭生活照常運作，但夫妻似乎沒有以往親密，不再無話不說了。我很愛貞貞，想說現在是兩人世界，激情可以慢慢恢復。但是求歡經常被拒，還是維持一個月兩三次的頻率，直到有一天不小心看見她和一男子從某大飯店走出來，我才驚覺事情不妙。當晚查看她的手機，發現她的婚外情。

當時我腦中浮現的就是貞貞嬌羞地躺在該男子的懷抱裡，就像我們初次有性關係時，然後彷彿看到她因興奮而用力抱住對方，陶醉地擁吻，盡是看到她欲仙欲死的表情和緊貼著對方身體的畫面。我的頭都快爆炸了，我所愛的女人怎麼能背叛我?第一個意念當然是去殺死情敵，把貞貞綁回來審問。但這個念頭只是一閃而過，我整顆心好無奈，只是在想，我以後還能和貞貞同床共枕嗎？怪不得她多次拒絕與我行房，原來是另有抒發管道？她如果不愛我了，為什麼還要生活在婚姻中？我的世界已瀕臨瓦解，我該挽救婚姻嗎？

你應該這樣做

愛情眼裡容不下一粒沙子

通常人們知曉了伴侶有外戀（婚前）或外遇（婚後），被背叛的感覺會立刻通電全身，引來怒火的燃燒，這是七情六慾的自然反應。被強烈負面情緒啃蝕的滋味很不好受，人們總想逃避或減輕痛苦。也就是在過了一會兒或一陣子後，就會將思維轉到彼此的關係上，心中一團亂。斷或不斷？不斷又該如何做？

然而有些人在獲知被背叛後，第一個想法就是判定對方是「可惡的負心漢！」、「這個不要臉的女人！」，然後腦海裡就浮現對方與第三者親密的畫面，男貪慾女淫蕩，伴侶關係中原本就有的親密，居然要向外尋求，越想越不

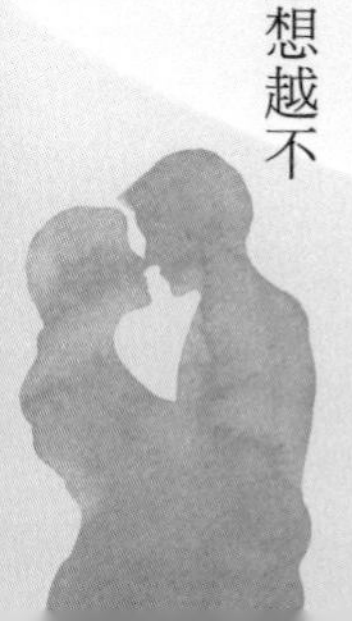

甘心。衝動者，在無可告人的壓力下，真的有可能去捉姦、揍人或殺人，造成家庭及社會的悲劇。

為什麼這些人的腦海裡會經常浮現伴侶與他人做愛的畫面呢？

1.愛情眼裡容不下一粒沙子：這是人之常情，一聽說伴侶有外遇，很擔心他們已經走到肉體關係這一步，就開始疑神疑鬼，難免會閃出假想畫面。

2.愛情潔癖：潔癖比眼裡容不下沙子更嚴重，總覺得伴侶跟自己以外的人有肌膚之親是很骯髒的事情，嫌惡之餘，乃自創畫面來告訴自己，這是多麼無法容忍之事。

3.性愛的私密性被破壞：性愛原本是伴侶／夫妻生活中最親密最私密的一部分，應在最安全與互相信任的關係中進行。如今有一方向外發展，私密性蕩然無存，不由得想像伴侶與第三者親熱的畫面，是否跟與自己親熱時類似？

4.強烈的佔有慾：大多數男人佔有慾強，視女人為私人的所有物。一旦發現自己的女人背叛，他心中原本欣賞她的優點瞬間全消失了，認定她是個好淫的女人，乃自編自導出性愛場面，加強對她及情敵的痛恨，而這有可能導致悲劇。

5.性愛有想像的空間：人本來就有無限的想像力，而性愛又是一件敏感且微妙的事，自己的床伴與第三者走在一起，難免自編自導，將自己的性愛場面換上第三者扮演，自己刺激自己，徒增痛苦。

伴侶外戀或外遇固然是件傷心事，但眼前已經面臨關係危機，三角關係得妥善處理。想像伴侶偷歡的畫面可以一閃即逝，萬不可使之縈繞。最重要的是找尋適當管道，即可信賴之人或專業人士，抒發各種負面情緒。可以述說想像畫面，表露內心想法及情緒，提供資訊給聆聽者，才能獲得處理之道，幫助自己。

投射從未謀面的第三者，其實是在折磨自己

「案例一」中的葉綠，情傷之後依賴守義，進而愛上他，尤其有了親密關係後，認定自己是他的人。當她發現男友腳踏兩條船時，愛情夢破碎，兩人間最私密的禁地已被第三者破壞，性愛背叛對她而言是很嚴重的事，所有的苦只能往肚裡吞，壓力到達極限時，男友與第三者做愛的場景就出現了，其實都是她自己在床上的寫照，投射到從未謀面的第三者身上，以此來折磨自己。

葉綠應以不怕失去的勇氣來面質男友，到底是哪裡出了問題？有事可以好

好談，不需要隱瞞或欺騙，如果目前的互動無法滿足守義，而她又認為沒有改進的空間，則兩個人可以講好和平分手，各奔東西。這是給守義思考及衡量的機會，伴侶關係需要靠雙方的自覺與投入，此時最重要的是真誠與尊重，守義可以選擇離去，葉綠應該尊重他的選擇，也看清此君逃避的心態與不成熟。遭劈腿而失戀必然會讓人傷心難過，但總比翻臉成仇後受傷更深且難以恢復。

「案例二」中，方剛的婚姻本身就有一些問題，姑嫂不和、婆媳不睦已波及夫妻感情，而丈夫雖試著化解，卻未獲得母親與妻子的感激與認同，家庭關係儼然成為一股暗流在家人之間默默地流動，結果，非關性的問題影響了夫妻親密感，造成性生活的低頻率。

方剛其實很愛妻子，也很渴望有正常的性生活，所以一看見妻子與陌生男人自大飯店走出來，就立刻聯想到婚外性。又經手機簡訊證實，他就開始自編自導妻子的床戲，自己抓狂不已。

貞貞並非不愛丈夫，只是婆家的包袱壓得她喘不過氣來，偏偏丈夫是婆婆的兒子，向他訴苦或抒發是無濟於事的，乃轉向一直關心她的舊同事發洩。發生婚外情也不是她的初衷，男女一對一的互補關係不知不覺成了親密關係，貞貞舒緩之餘必然也忐忑不安有罪惡感，卻不知該如何善後。

方剛若能理性的將妻子婚外情看成是一個議題來討論，而不是一個罪行來審判，夫妻可以一起去找婚姻諮商師將事情說開來，個人在諮商室傾吐情緒大倒垃圾，說出彼此的不滿與期待，重新評估婚姻生活的價值與存在的必要性，如果雙方對彼此都還有心，有意重回婚姻，則婚姻中的各項議題都要提出來深入討論，以求得共識。諮商師可引導彼此重建信任，提供恢復性愛的破鏡重圓之道，但這當然需要雙方的耐心與愛心。倘若有一方選擇離去，也要互相尊重，接受因了解而分手的事實。

24 心魔驅走性趣

為了兩個人的性福祉，要將個人心中積壓、疑問、不滿或期待說出來，也順便檢視日常生活關係與性關係。

案例一

他的怪癖讓我覺得怪怪的

大學時慘痛的失戀經驗，讓我修行了兩年，直到認識了大明。因為是同行，在市場上有很多接觸，他對我緊追不捨，跟他在一起，我很受照顧，很開心。我們約會了半年，終於有了親密關係。之後他就開始問我一些奇怪的問題，例如：「你跟前男友一週上床幾次？」、「他有沒有這樣吸你的乳頭？搓妳的胸部？」、「妳跟他在一起每次都有高潮嗎？」、「妳還會想看那個男人嗎？」之類的。

情侶做愛不是忙著動作耽於享受嗎？他怎麼問那麼多有關我和前男友親密的事？做愛時可以說話嗎？當時我正在感受身體碰觸的刺激，一時也無法回應，他乃繼續動作，但下次就會再問類似的問題。我則因為在想他說的話，好幾次都在幾乎到達高潮時無法盡興，而他都會問我是否有高潮，為了怕他以為我在想前男友，我只好假裝有高潮。

這樣的情形已不下四、五次，我的性愉悅變得不穩定，而他常自認他才是能給我至高歡愉的男人，因為不想與他做愛的氣氛被弄僵，我都抱著他說，「你好棒，你最棒了！」，只是他偶爾還是會提一些奇怪的問題。他平日真的對我很好，但這怪癖令我覺得怪怪的。

案例二

親熱時能不能不要胡思亂想？

第一次結婚時太年輕，開始時尚稱甜蜜，一年後發現兩人個性差異很大，

各人志向不同，就離婚了。我那時才二十八歲，懷著破碎的心希望能再找尋真愛。上天讓我認識了美美，她溫暖單純，只想當賢妻良母。她了解我的痛楚，不在乎我離過婚，談了半年戀愛，因為有前車之鑑，我提議先同居一年，試試彼此的契合度，她也答應了。

我們白天上班，晚上在家談戀愛，也享受親密關係。她什麼都好，就是愛問我有關性的事，例如幾歲開始自慰、第一次是跟哪個女孩在一起、沒有女友時會想做愛嗎？甚至還問我如何挑逗前妻、是否對她也像對前妻一樣、和前妻蜜月時是不是也這麼激盪，以及我如此有性經驗，會不會嫌她不會做愛等等。

這種情形始於我們有了親密關係之後，也許她對性好奇，通常是在夜晚躺下來要睡時，或者在前戲，甚至插入時。有關我自己的部分早就如實交代過，牽涉到以前女友及前妻的部分我都說記不清楚了，男人很難去記得細節，只是本能地動作。她當然不滿意，就繼續追問，我的心情就會受到影響，有幾次就由硬變軟了。

我懇求美美，親熱時不要胡思亂想，也不要說話，專心做愛，她就說我嫌她不會做愛，比不上其他女人。我不想解釋或安慰她，畢竟性事很敏感又微妙啊！

你應該這樣做

無法專注與全心感受，就很難達到高潮

以上兩個案例內容包含許多疑問，每個人都有自己的看法及做法，有些可能基於正確的性愛感情觀，也有來自於自己一向認為的或道聽塗說而來的迷思。做愛時到底可不可以說話？伴侶於親熱時詢問與前男友／前女友的性事是何種心態？該如何應對呢？說話真的會影響做愛的效果嗎？妮妮無法達到高潮，仁和也會由硬變軟，是個人問題還是伴侶雙方的問題？假裝高潮是「善意的謊言」嗎？

沒有人規定行房時不能說話，要看說的是什麼樣的話。若是與當下有關的字句，例如，「稍為左邊一點會更舒服」、「不要急我們慢慢來，好好享受」、「我好愛你喔，抱緊我！」，或「我快要出來了，好愛你呦！」等表達當時感官感受與感情的話是值得鼓勵的，包括呻吟聲。

有些伴侶恩愛之時突然感到肚子餓，便說完事後要去永康街吃牛肉麵，或

者突然想到明天要早起面試，立刻說出自己的焦慮。又或者像妮妮及仁和的伴侶，問及自己所愛之人與前任伴侶的親密性事，令對方無法招架，得趕緊搜索適當的回覆內容，此時就會立刻自逐漸往上升的感官感受分心，舒服的感覺掉了一半。

這就是認知干擾，本來雙方都應該專注在性思考及性激發方面，一方開始問一些奇怪的問題，他自己就會被這些想法所干擾而分心了，另一方除了聽到無關兩人之間性愛的問句，還得思索如何回應，是要感覺到被侮辱而停止做愛呢？還是一邊親熱一邊回答，或者裝作沒聽見呢？她／他的思考已不在性愛上了，無法專注與全心感受，就很難達到高潮或維持勃起，的確會影響到性愛品質。

的確，有些人會有像妮妮男友大明及仁和女友美美這種很特別的問話行為，有的人還會擔心他們的伴侶是不是性變態。其實沒有那麼嚴重，但他們的心態又是如何呢？就前述兩個案例來看，雖說有個人差異，但這個問題仍然是男女有別的。由於伴侶／夫妻平常不談性，在做愛時比較容易開口談性事，所以這種現象大都發生在床笫之間。

大明在床上有男尊女卑，男性雄風的觀念，他看到妮妮很享受性愛，優越感油然而生，得意於自己征服了她，佔有慾也同時浮現，想到女友以前也曾享受過性愛，乃產生醋意。忌妒總是讓人失去理智，乃問了一些殺風景的話，他甚至可能連妮妮的前男友都沒見過，卻自己樹立了一個假想敵。他的行為是自己跟自己過不去，無端邀請了一個假想敵、一個「鬼魂」到兩人的親密關係中，橫在兩個人中間，殊不知，親密關係是容不了一粒沙子的。

讓「鬼魂」停留在做愛當下，性愛怎麼可能美好？

同樣地，美美也喜歡與男友的性愛，享受他的征服，但她擔心自己因為性經驗不足，或者床上功夫沒有其他女人來得厲害，害怕仁和會對她厭倦。抱著患得患失的心理，想要知道仁和的「功力」到底有多深厚，乃不由自主地詢問他的性史。因為太愛仁和了，想到他曾抱著一個女人睡了一年，他前妻乃成為美美忌妒的對象，也一樣是將存在過去的人邀請到現在的時空中，讓「鬼魂」停留在做愛當下，性愛怎麼可能美好呢？

妮妮和仁和當下對伴侶問話的回應是理性的，算是不錯的情況，說「你好

棒，你最棒了」，不但肯定男友，也將他拉回兩人正在進行的性愛世界，而仁和婉轉拒絕的回答聽起來也合理，而且他有要求美美專注於兩人的性愛動作。

至於假裝高潮，的確是善意的謊言，偶爾為之無害，若經常假裝，就成了演戲、不坦承，或者是欺騙。其實假裝高潮算是自欺欺人，自己沒享受愉悅，讓伴侶覺得被騙，有些敏感的人還會覺得是自己的吸引力不夠，床上功力不足以滿足對方，或者對方並不愛自己，只是敷衍了事，結果導致誤會叢生，任何人如果心中帶有怨氣，做愛的品質必會大打則扣。

倆人的個性差異，對性的價值觀及性的人際界線，影響到性心理，觀念有點偏差，就在行房之時，流露出偏差語句。雖然這是個人性愛感情觀的問題，但他們是情侶，是雙人的性。妮妮和仁和可以坦承地向伴侶說，性愛是兩個人的事，近來感覺到有些小問題影響原本良好的性愛品質，為了兩個人的性愛福祉，希望能將個人心中積壓、疑問、不滿或期待說出來，也順便檢視日常生活關係與性關係，邀請對方一起去尋求協助、力求改進，以期彼此成長及邁向更美好的伴侶關係與性生活。

25 女生的處女情結

任何人都應該情慾自主、身體自主，對自己的行為負責。

案例一

盡情享受，但就是不能超越底線

玟玟是富商的掌上明珠，因近水樓台，愛上公司的同事福生，兩人同為新進人員，有很多話可談，也互相支持鼓勵，漸生情愫。父親原本期望女兒會與富二代交往，對女兒愛上窮小子大為震怒，嚴詞表明不會認同此君。無奈玟玟初嘗愛情，陷入已深，對父親陽奉陰違，儘量找機會與情郎相聚，他們最常去的地方就是賓館。

小房間清靜可避人耳目，純屬兩人世界，自然就風光旖旎，有許多肉體的

碰觸。玟玟知道父親的底線，絕對不能懷孕丟他的人，也害怕東窗事發被父親打罵或禁錮，所以她必須還是個處女，才能沒事，因此與男友的纏綿只能口交、手交甚至肛交，就是不能有陰道交。兩人激情擁抱接吻，愛撫全身，研發及實驗各種姿勢，極盡享受感官刺激，雙方很投入，亦可獲得高潮。

玟玟覺得自己仍是「處女之身」，不怕去面對父親，福生也因愛她而遵循她的要求，未超越底線，兩人同心一致，發展愛情享受性愛，既可抒發身心需求又不會懷孕。反正就維持現狀，能拖就拖，拖久了，父親可能會擔心她嫁不出去，而應允這份感情關係。

案例二

歡愉過後的醜惡

天依五年前失戀後就沒再交過男友，而志平一年前剛與女友分手，兩人都已超過適婚年齡。天依是個個性保守的女孩，希望感情發展循序漸進，但因為很喜歡志平，拗不過他的要求，每次約會吃完大餐後就進入小旅館「休息」。

天依知道志平有過性愛經驗，她鄭重表明自己還是處女，什麼事都能做，就是不能有陰道交的行為，否則他得負責到底。

志平滿口答應掛保證，兩人充分享受前戲，溫存良久，志平每次箭在弦上難耐煎熬，只好自己解決。兩個月後的跨年夜，兩人帶著比薩、炸雞及啤酒在旅館房間享用，洗完澡後開始親熱。情緒高漲、熱情愛撫，天依叫著要志平替她口交，志平被刺激得忍不住，猛然插入。天依因痛楚而將志平推開，情緒立刻從激昂轉變為憤怒，氣男友不守承諾，一直問他會不會負責，男友性慾全消，惱怒丟了一句話就走人，「我又沒達陣」！

天依被留在房間，錯愕之餘一直撥打男友電話，他就是不接，甚至還關機。她有被羞辱被遺棄的感覺，衝動之下跑去派出所控告志平性侵。隨後的事情當然是很醜惡的，兩人戀情也就劃下了休止符。

你應該這樣做

婚姻幸福與否與在室男／在室女並無關聯

幾年前在某大學有一門「婚姻諮商」課程，談到婚前準備及性愛感情觀時，任課老師詢問課堂上的十六位男生及二十一位女生，「請問有幾位男生希望以後自己的太太是處女？」，有三位男生立刻舉手，所有的女生均怒目而視之。老師乃問其中一位男生理由何在，他理直氣壯地回答：「因為我是處男！」另外兩位同學亦點頭附和。

他們的意思是處男與處女結婚，這樣才公平。問題是處男與處女結婚，婚姻就會幸福嗎？婚姻幸福與否與在室男／在室女並無關聯啊！雖然這樣的答案是個性迷思，但至少可以看出男性已有進步，他們要的是兩性平等，而不是有「自己可以花心，太太則必須是處女」的傳統處女情結。

現在是女男平等的時代，但傳統性別角色在性方面的不平等仍然存在，且依然是男性優越。這是因為人們避不談性，只有在床笫之間才會呈現，大男人與小女人還算能配合，但也就是因為女性縱容男性，他們才依舊主導且對女性在這方面有許多要求。然而兩個案例的女主角，自己有處女情結，帶著處女迷思談戀愛，還要男友也遵守她的迷思。

有過陰道交者當然就非處女，但是像玟玟這樣，除了陰道交以外，手交、口交、肛交幾乎都試過了，也盡情地享受高潮，她處女膜雖然完整，只能說生理上是處女，心理意義上已經不是處女了。玟玟的男友因為愛她而尊重她，為的是兩人長遠的幸福著想，所以他們發展出自己的性愛方式，對他來說，算是美中不足且有點辛苦。任何人包括她父親在內，一旦獲知她和男友的親熱行徑，絕不會相信一個「處女」竟然能擁有如此激盪的性愉悅。

處女情結是重大的性迷思

「案例二」中的天依也是一樣，什麼事都可以做，但始終堅守最後一道防線，且每次都耳提面命，要男友保護處女膜，否則要他「負責」。她未明確說出要男友「負責」什麼，男友為了要一親芳澤，反正先答應了再說。志平其實是很想進攻，只是一想到天依不斷嘮叨的「負責」，他就忍下來了。但跨年夜那一晚的大環境有氣氛，小房間有激情，志平精蟲衝腦而忘了承諾，一念之差，一個動作就造成了無可挽回的悲劇。

志平違規的行為當然是不對的，但已經發生了，如何補救才是重點。問題是事發後兩人都始料未及，天依一直嚷著要他「負責」，他也不知道要「負責」什麼，總不能在這種情形下求婚吧！他只想逃開現場，逃避女友的嘮叨與追問。而天依不停地撥手機行為，令他更想逃，乾脆關機當鴕鳥，以求一時清靜。

由於性侵是公訴罪，儘管天依事後想撤回告訴也沒辦法，男友莫名其妙被捲進性侵案件，兩人也就反目成仇了。天依的處女情結，這個重大的性迷思，導致隨後事情的演變，不僅愛情沒了，身心受傷，男友也名譽掃地，真是惡夢一場。當初如果兩人都替對方著想，尤其是志平，他當然得立刻道歉並安撫女友，任她嘮叨或哭泣，陪在她身邊，不需要說什麼保證的話，就是將她擁入懷中安慰她，等她平靜下來再好好談。

玟玟與男友相愛本是好事，但他倆的行為是自欺欺人的方式，玟玟的動機是要逃避父親責罵，以「處女」來面對他，表示自己沒有失格，但這就是處女情結，錯誤的觀念對自己及男友的身心都不公平，而且這樣做就一定有希望讓父親以後同意他們在一起嗎？自己在性方面的行為其實已經非常開放，怎麼能自稱處女呢？

她應該把心思放在如何讓父親接受她與福生的感情，而不是卡在處女情結上，例如經常向父親撒嬌，讓父親覺得女兒心中有他，沒有見色忘父，多找機會與父親溝通，述說自己的感情世界，強調男友的種種優點及大有潛能，不要怕父親臉色，儘量找機會帶男友與他相處，一回生二回熟，要有互動才能多認識。

男女成為情侶，慢慢就會有肢體接觸，一般的互動型態是男主攻女死守，在猛烈攻勢下，女生往往棄守，被動卻自願地與男友發生肉體關係，感受感官愉悅，不論處女或非處女都得確定是自己願意的，知道自己在做什麼，也得做好保護自己的措施，且永遠記住，任何人都應該是情慾自主、身體自主，且要對自己的行為負責。

26 性的迷思，男女有別

被一些性迷思帶著走，對性愛不確定，對伴侶無法坦誠，不僅個人會深感困擾，也會造成戀愛關係的潛在危機。

案例

女人：性與不性都忐忑

甲女：「人家都羨慕我交了一個帥哥，我卻忐忑不安。他又高又帥，好多女孩喜歡他，而且他也交過三個女朋友，經驗豐富，我卻是個醜小鴨，不知道他會喜歡我多久？」

乙女：「他從十八歲就交女朋友，情史豐富經驗老到。昨晚他吻了我。我知道我們很快就會有性關係。我卻只交過阿福一個男友，他是個呆頭鵝不懂情趣。所以我不知道自己是否能配合他？」

丙女：「跟前兩位男友做愛的感覺是不錯，但分手後也不會想要。現在跟大明的感覺就不同了，他好會撩人，帶給我刺激與衝動，完事以後我還會想要，晚上回家也一直回味。我在想，是他天生會做愛，還是因為經驗太豐富，磨練出來的？我既擔心又興奮。」

丁女：「前任男友被我拒絕婚前性關係之後沒多久，居然劈腿我同學，害我傷心好久。現在文德已經和我進展到三壘了，我們勢必很快就會進入全壘打。我不能再拒絕了，但我不知道是否該告訴他，我還是個處女？」

男人：傳統成見作祟

甲男：「瞧瞧那個女生上圍豐滿，臀部渾圓，大眼大嘴，好性感，好風騷喔，這種騷貨抱起來不知道有多舒服，在床上該有多銷魂，若能一親芳澤就好了！」

乙男：「雖然剛剛和女友有親密關係沒多久，美美好像每次都很享受，也叫得好大聲。她看起來清純簡單，在床上卻像個蕩婦，不知道是因為初嘗性愛

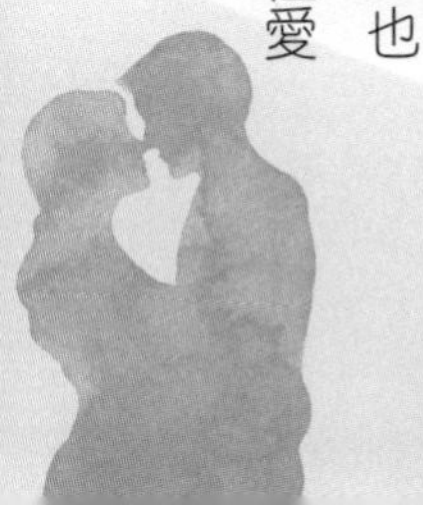

感受強烈？還是她平日是裝清純，其實經驗老到？」

丙男：「跟英英做愛，真的很舒服很滿足，只是她常常意猶未盡，還要再來。現在我們是配合得很好，但我擔心她性慾太強，萬一結婚以後需索無度，該怎麼辦？」

丁男：「小芝認識我之前有一個交往六年的男友。我以為她在行房方面經驗豐富訓練有素，沒想到在床上非常被動，任我擺布。儘管她的身體很誘人，但缺乏反應，幾次下來我覺得沒趣，希望她不是性冷感！」

專家這麼說

男尊女卑的意識，造就失衡的性迷思

性本來就很神祕又微妙，愛侶們會在動作中享受感官感覺，並產生心理的感受及想法。肉體的刺激隨著動作而結束，但感覺卻久久不散，尤其是不舒服的感覺，不能也不知道如何說出口，乃積壓成疑慮或不安，像是各懷鬼胎。而

這些想法其實是包含很多性愛感情的迷思，而且男女有別。

傳統社會中，交往是為了結婚，女生找對象一定要找「四高」男性——「收入比我高」、「年齡比我長」、「教育程度比我好」及「身高比我高」，在這樣的條件下，自己就先較男人低一等了。在性愛觀念方面也是男尊女卑，認為行房是丈夫的權利、妻子的義務，應該由男性主導。雖然現代社會提倡男女平等，社會上、工作上及學校裡看起來是男女平等，然而在家庭裡或臥房中就不一定了。

家庭中的男女不平權是受原生家庭及父母的影響，而臥房中的男性至上則是社會傳統在性方面對男性的寬容及對女性束縛的結果。男人是茶壺，可以配幾個茶杯；女人除了丈夫以外若有二心，就是想偷漢子，因此不論男性在性方面如何對待妻子，女性都應該逆來順受照單全收。正因為如此，才有了戀愛時最基本的性迷思，「如果妳愛我，就給我！」、「只有把妳的身體給我，才能證明妳對我的愛！」，女生擔心男友不相信她，不愛她了，為了證明自己對她的愛，乃以身相許，獻出第一次及無數次。

迷思探察

女性缺乏自信更易受擺布

有一些年輕女生有了心儀的男友後，非常愛他，以至於擔心自己不夠好、不夠漂亮，缺乏自信心，再加上本身對性的似懂非懂，及自己缺乏性愛經驗的心虛，逐漸產生非理性思考，也就是性愛方面的迷思。以下就甲、乙、丙、丁四女的心思分述如下：

甲女

迷思一：帥哥人人搶著要，我情敵很多。（自己樹立假想敵）

迷思二：醜小鴨配帥哥，戀情難持久。（自貶身價，患得患失）

迷思三：交過越多男（女）朋友，性愛感情經驗就越豐富。（量化造成雙方不平衡）

乙女

迷思一：初次交女友的年齡與戀愛經驗成正比。（越早交女友經驗越豐

富）

迷思二：只交過一個不懂情趣的男友，擔心自己不能配合經驗老到的現任男友。（自己沒有把握有情趣、怪罪前男友）

丙女

迷思一：男友很會做愛，帶給我愉悅，是天賦異稟。（我運氣真好，碰上會做愛的男生）。

迷思二：男友和很多女人做過愛，就是取悅女人的情場老手。（性愛高手是由許多女性造就成的）。

丁女

迷思一：我不能再拒絕性關係了，以免現任男友也劈腿。（前車之鑑）。

迷思二：現任男友會在乎我是處女嗎？（處女情結）

男人亂下診斷的心態易致危機

大部分男性的想法是從傳統性別角色出發，還是覺得男性優越，在性方面是主宰且佔有的，也就自然產生許多的性愛迷思。以下就甲、乙、丙、丁四男

的心聲分述如下：

甲男

迷思一：身材火辣的女人必定很騷、很會做愛。（性幻想與男人對性感女性的刻板印象）

迷思二：女人會叫床、享受性愉悅，必是身經百戰。（懷疑女友在床上原形畢露）

乙男

迷思一：叫床很大聲的女人就是蕩婦。（歧視及男人對性感女性的刻板印象）

迷思二：初嚐性愛的女性表現應該很生澀。（男人期望主導及征服）

丙男

迷思一：男性行房結束後，女性就該停止。（意猶未盡就是好淫）

迷思二：女友性慾強，結婚後可能會需索無度。（想太遠、想太多）

丁男

迷思一：六年的感情關係，床上功夫應該很棒。（熟能生巧）

迷思二：女友做愛被動很沒趣，怕是性冷感。（亂下診斷）

人們通常都從自己的立場來看事情，思維也隨之主觀，就因為缺乏正確的性知識，對性事道聽途說或憑空想像，不敢開口問張口說，亦不知如何尋求解惑管道，所以就被一些性迷思帶著走，對性愛不確定，對伴侶無法坦誠，不僅個人深感困擾，也會造成戀愛關係的潛在危機。

你應該這樣做

愛中有溝通，疑心不再生暗鬼

以上八位男女的想法都是多餘的，除了性幻想看起來比較正向外，其餘的都會形成擔心、焦慮、不安或失望的心情。其實兩情相悅，除了多了解彼此的個性、生活習慣、平日言行及交友狀況外，彼此的價值觀與合適性才是重點。

看起來與性愛無關，其實在彼此的良性互動中，雙方相知相愛相惜，才能奠定良好的感情基礎。有信任及安全感，心靈已經很靠近，則很自然地會渴望身體的接觸。在對等的感情付出之下，兩情繾綣，進入性愛，是種靈肉合一的境界，哪來擔心、懷疑與不安？

當然，伴侶如果在認識沒多久就發生性關係，因為缺乏感情基礎，什麼樣的擔心或疑慮都是可能產生的。就因為感情好，無話不說，性事方面，在事後會分享彼此好的性愛感覺，有不對勁或不舒服的地方，也會在枕邊細語時依偎道出，目的就是要兩個人一起來探索或改進。有了這樣的性溝通，就可以避免各懷鬼胎的現象，讓感情更親密。

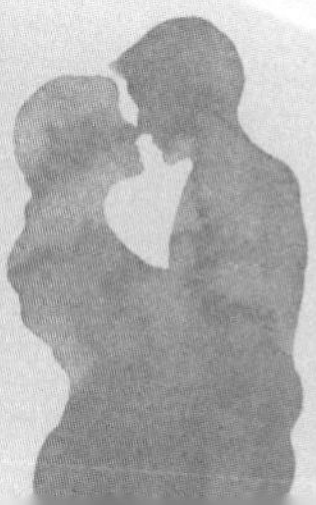

國家圖書館出版品預行編目資料

性愛心流：伴侶親密溝通手札 / 林蕙瑛著.
-- 初版. -- 新北市：金塊文化, 2018.11
200面；15 x 21公分. -- (智慧系列；13)
ISBN 978-986-97045-0-2(平裝)
1.婚姻 2.性關係 3.兩性關係
544.3　107018584

智慧系列13

性愛心流——伴侶親密溝通手札

金塊文化

作　　者：林蕙瑛
發 行 人：王志強
總 編 輯：余素珠
美術編輯：JOHN平面設計工作室

出 版 社：金塊文化事業有限公司
地　　址：新北市新莊區立信三街35巷2號12樓
電　　話：02-2276-8940
傳　　真：02-2276-3425
E-mail：nuggetsculture@yahoo.com.tw

匯款銀行：上海商業銀行 新莊分行（總行代號 011）
匯款帳號：25102000028053
戶　　名：金塊文化事業有限公司

總 經 銷：創智文化有限公司
電　　話：02-22683489
印　　刷：大亞彩色印刷
初版一刷：2018年11月
定　　價：新台幣280元

ISBN：978-986-97045-0-2（平裝）
如有缺頁或破損，請寄回更換

團體訂購另有優待，請電洽或傳真